CB076820

Have a great summer.
See you next year around McKinley.
 -Blaine

Too bad we didn't hang out more...
 Sam

I think you are totally UNICORN!
c u next year!
 Brittany

It's BEEN REAL.
ARTIE

U R
2 good
2 B
forgotten
 TINA

Keep on dancing.
 -Mike

McKINLEY THUNDERCLAP

I'm sad to see you go again (I don't ever see to again I'm sad to see you go so soon) — Santana

It's all inside of you to be successful! You can do it!
 -Will Schuester

Don't ever forget me! See you backstage.
 ★ Rachel

You. ME. LET'S BRING THE SEXY BACK.
 PUCK

Peace, love, and HAGS
(Have A Great Summer)
 -Mercedes

Quinn

YOU MAKE ME GO, "HUBBA, HUBBA!"
 -Jacob

Love your style.
Will miss you loads.
 Kurt

Life's a bitch and then you die. Have a great summer!
 -Lauren

WHAT ARE YOU SUPPOSED TO WRITE ON THESE THINGS? Umm...GO TITANS!
 FINN

Baseado na série de televisão criada por Ryan Murphy, Brad Falchuk e Ian Brennan.

Este livro é um trabalho de ficção. Nomes, personagens, lugares e incidentes são produto da imaginação do autor ou são usados de forma fictícia. Qualquer semelhança com eventos, locais ou pessoas reais, vivas ou mortas, é coincidência.

GLEE TM & © 2012 Twentieth Century Fox Film Corporation. Todos os direitos reservados.

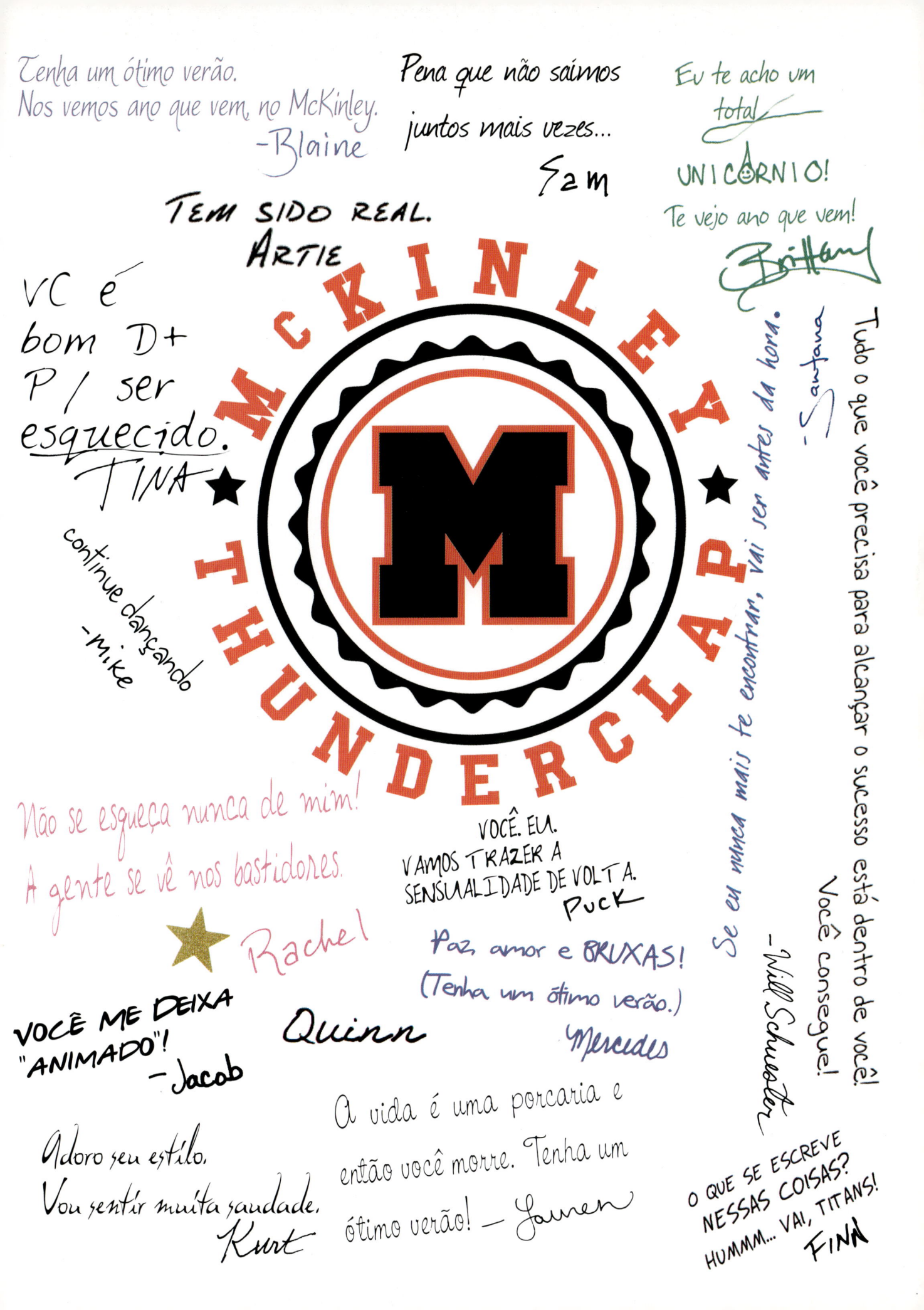

Tenha um ótimo verão.
Nos vemos ano que vem, no McKinley.
— Blaine

Pena que não saímos juntos mais vezes...
Sam

Eu te acho um total UNICÓRNIO!
Te vejo ano que vem!
Brittany

TEM SIDO REAL.
ARTIE

VC é bom D+ P/ ser esquecido.
TINA

continue dançando
-mike

Tudo o que você precisa para alcançar o sucesso está dentro de você!
Você consegue!
-Will Schuester

Se eu nunca mais te encontrar, vai ser antes da hora.
-Santana

Não se esqueça nunca de mim!
A gente se vê nos bastidores.
Rachel

VOCÊ. EU.
VAMOS TRAZER A SENSUALIDADE DE VOLTA.
PUCK

Paz, amor e BRUXAS!
(Tenha um ótimo verão.)
Mercides

VOCÊ ME DEIXA "ANIMADO"!
-Jacob

Quinn

Adoro seu estilo.
Vou sentir muita saudade.
Kurt

A vida é uma porcaria e então você morre. Tenha um ótimo verão! — Lauren

O QUE SE ESCREVE NESSAS COISAS? HUMMM... VAI, TITANS!
FINN

McKINLEY ★ THUNDERCLAP ★
M

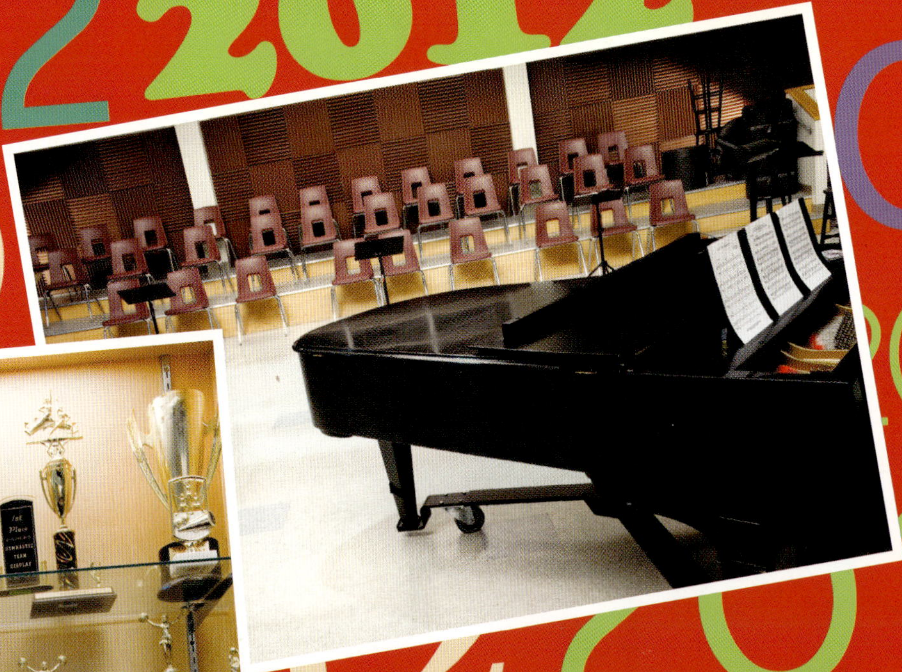

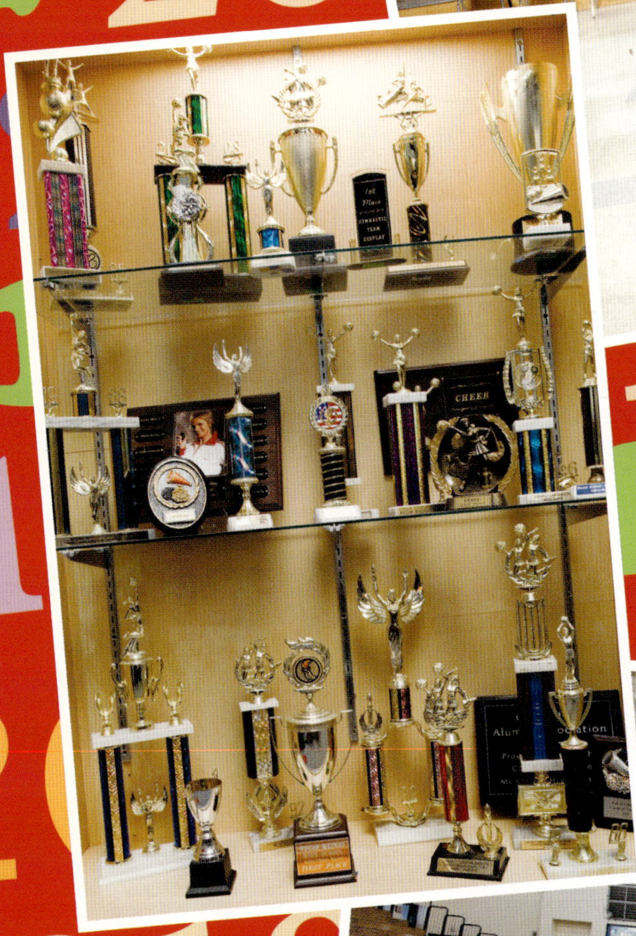
CHEER

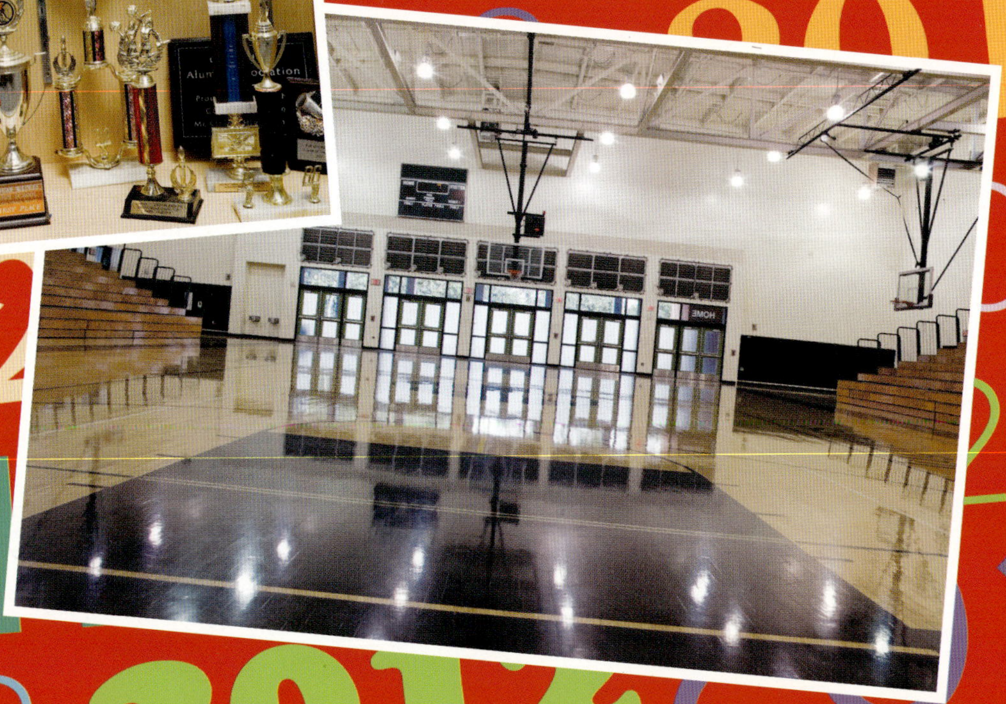

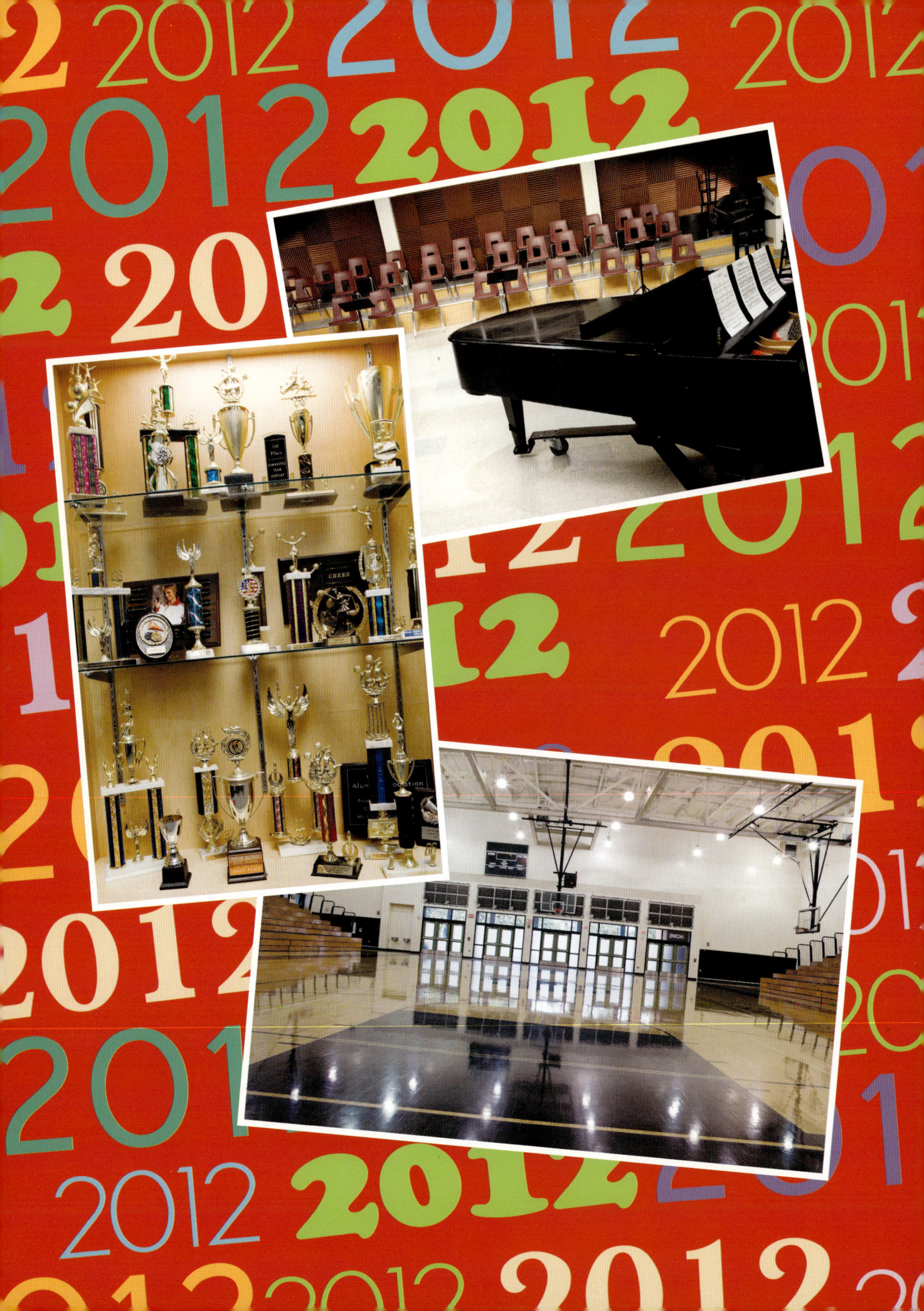

Editado por:
Debra Mostow Zakarin

glee
ANUÁRIO DO COLÉGIO WILLIAM MCKINLEY

Tradução:
Marina Nobre

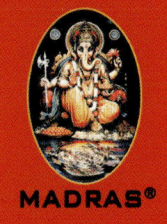

MADRAS®

Publicado originalmente em inglês sob o título *Glee – The Official William McKinley High School Yearbook*, por Poppy, Hachette Book Group.
©2012, Twentieth Century Fox Film Corporation. Todos os direitos reservados.
Direitos de edição e tradução para os países de língua portuguesa, exceto Portugal.
Tradução autorizada do inglês.
© 2012, Madras Editora Ltda.

Editor:
Wagner Veneziani Costa

Produção e Capa:
Equipe Técnica Madras

Tradução:
Marina Nobre

Revisão da Tradução:
Renata Brabo
Harry Sales

Revisão:
Arlete Genari

Dados Internacionais de Catalogação na Publicação (CIP)
(Câmara Brasileira do Livro, SP, Brasil)

Glee: Anuário do Colégio William McKinley /
editado por Debra Mostow Zakarin ; tradução
Marina Nobre. – São Paulo : Madras, 2012.

Título original: Glee : the official William
McKinley High School Yearbook.
ISBN 978-85-370-0811-9

1. Glee (Programa de televisão)
I. Zakarin, Debra Mostow.

12-11588   CDD-791.4572

Índices para catálogo sistemático:
1. Glee: Programa de televisão   791.4572

É proibida a reprodução total ou parcial desta obra, de qualquer forma ou por qualquer meio eletrônico, mecânico, inclusive por meio de processos xerográficos, incluindo ainda o uso da internet, sem a permissão expressa da Madras Editora, na pessoa de seu editor (Lei nº 9.610, de 19.2.98).

Todos os direitos desta edição, em língua portuguesa, reservados pela

MADRAS EDITORA LTDA.
Rua Paulo Gonçalves, 88 – Santana
CEP: 02403-020 – São Paulo/SP
Caixa Postal: 12183 – CEP: 02013-970
Tel.: (11) 2281-5555 – Fax: (11) 2959-3090
www.madras.com.br

BEM-VINDO AO Colégio William McKinley

E AQUI ESTÁ TUDO QUE VOCÊ PRECISA SABER SOBRE O COLÉGIO McKINLEY...

MASCOTE: Titans

CORES: vermelho e branco

ORIGEM DO NOME: o 25º Presidente dos Estados Unidos da América, William McKinley Jr.

LOCALIZAÇÃO: Lima, Ohio

FAMOSOS MATRICULADOS NO MCKINLEY:

Rachel Berry

10	ALUNOS
52	VIDA DE ESTUDANTE
78	CORPO DOCENTE
94	REPÓRTER ITINERANTE
104	CLUBE GLEE
124	EDUCAÇÃO FÍSICA
136	AMIGOS DO McKINLEY

DA MESA DO FIGGINS

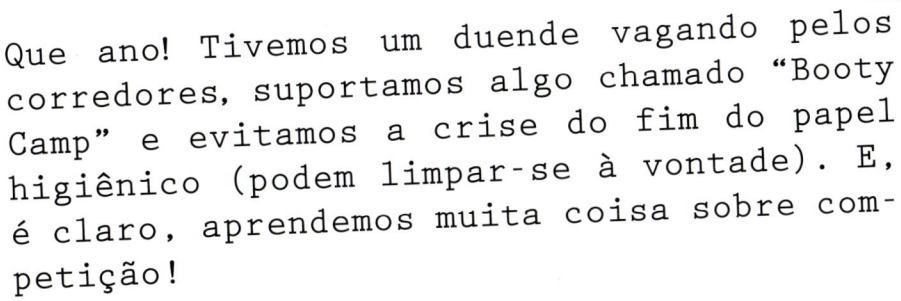

Queridos alunos do Colégio McKinley,

Que ano! Tivemos um duende vagando pelos corredores, suportamos algo chamado "Booty Camp" e evitamos a crise do fim do papel higiênico (podem limpar-se à vontade). E, é claro, aprendemos muita coisa sobre competição!

Testemunhamos uma agitada corrida para o congresso, uma eleição para o grêmio estudantil e a batalha entre o New Directions e os Warblers. É importante lembrar que este ano estamos contentes que o Clube Glee esteja incluído no livro do ano. Enfim, este foi um ano em que não estouramos o orçamento e conseguimos passar sem muitos incidentes. (Mais uma vez, nossos sinceros pedidos de desculpas aos alunos que comeram o ravióli e tiveram que tomar a vacina antitetânica.)

Enquanto vocês se aventuram pelo mundo, não esqueçam que sempre serão Titans. Tenham orgulho de dizer que vieram do Colégio McKinley.

Com amor,

Diretor Figgins

Alunos

10

HS!

ALUNOS 11

RACHEL BERRY

EU SEMPRE ACREDITAREI EM:

MIM (E NA BARBRA)

PAIXÕES: Cantar solos, Broadway, Finn, New York
INSPIRAÇÕES: Barbra Streisand e Patti LuPone
SABOR FAVORITO DE SUCO: Uva

"Metáforas são importantes. Minhas estrelas de ouro são uma metáfora minha, já que eu sou uma estrela."

“Com a exceção de nudez e exploração de animais, eu faria praticamente tudo para conseguir o estrelato.”

“Não importa se é um ataque cardíaco ou um coração partido, assim como na Broadway, o show tem que continuar.”

ALUNOS 13

RACHEL BERRY

"É no colégio que aprendemos, realmente, a lei do mais forte."

"Ninguém nunca se tornou uma estrela sendo sensato."

"Às vezes, eu gostaria de fazer performances improvisadas para os nossos vizinhos."

"Apenas respire e sorria, ok? Só porque eles se parecem e agem como nós, não significa que são melhores do que a gente."

"Eu preciso de aplausos para viver."

"Não tem nada de irônico quando se trata da performance do coral!"

"Eu prefiro ser uma estrela a ser querida."

ALUNOS 15

FINN HUDSON

EU SEMPRE ACREDITAREI EM: FAZER O QUE EU AMO

PAIXÕES: Garotas, cantar, futebol americano
NÚMERO DA CAMISA DO TIME: 5
LEMA: "Se esquecer a letra, apenas continue movendo seus lábios. Se tiver sorte, ninguém vai perceber."

"Eu meio que venero o Eric Clapton e o Ochocinco."

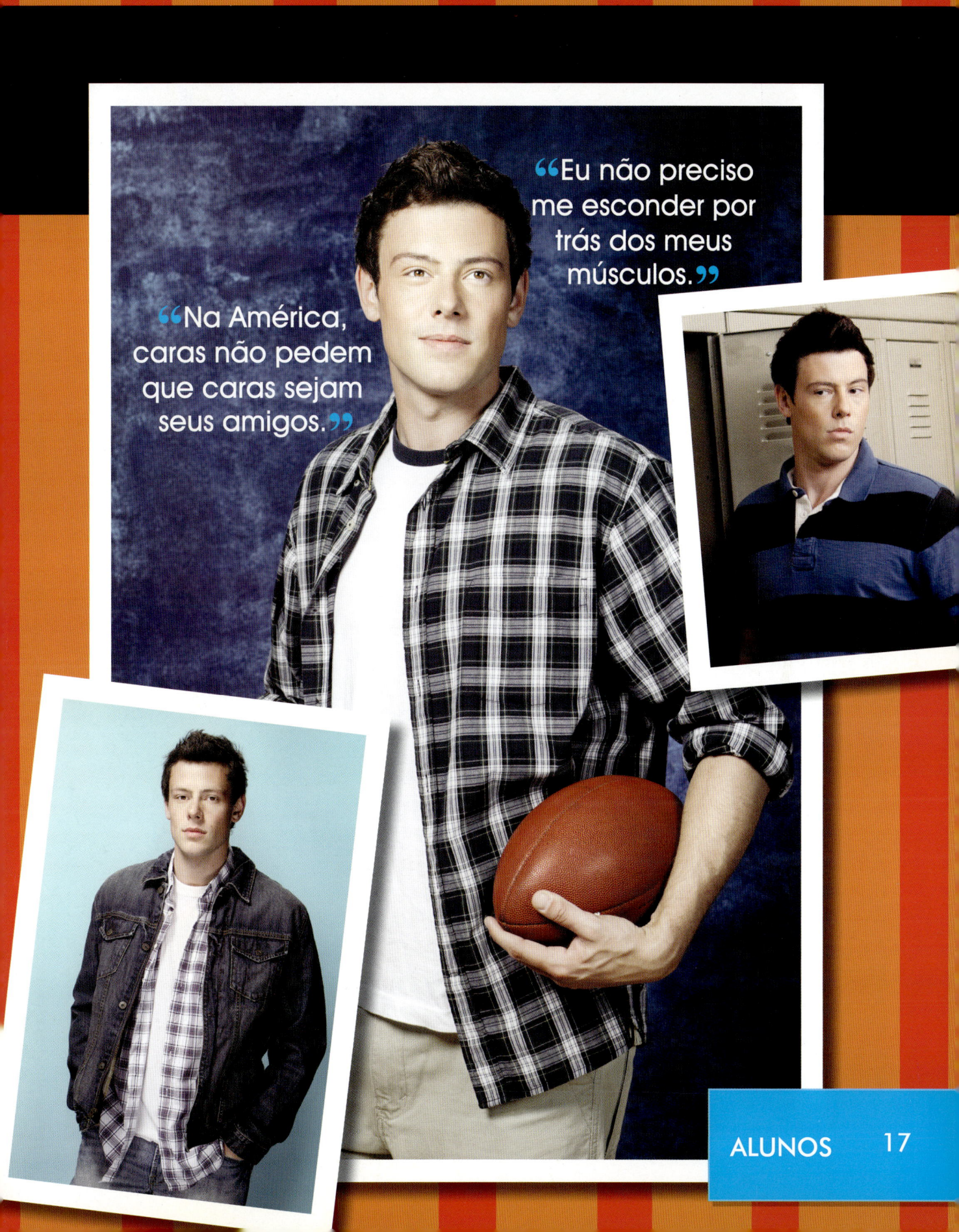

❝Na América, caras não pedem que caras sejam seus amigos.❞

❝Eu não preciso me esconder por trás dos meus músculos.❞

ALUNOS 17

FINN HUDSON

"O Glee serve para que você aprenda a se aceitar da forma que você é, não importa o que os outros pensam. E essa música é sobre isso também."

"Minha dança meio que me incomoda um pouco. Uh, isso quase matou a Rachel uma vez, mas eu gosto da minha aparência."

ALUNOS 19

kurt hummel

EU SEMPRE ACREDITAREI EM:

EXPRESSAR-ME

PAIXÕES: Musicais teatrais, moda, Blaine, transformações
CLUBES: Clube Glee, futebol americano
INSPIRAÇÃO: Patti LuPone
LEMA: "Quando você é diferente, quando é especial, algumas vezes tem que se acostumar com o fato de estar sozinho."

CÔURAGé

"Eu tenho três dons: minha voz, minha habilidade de ver as tendências da moda masculina e minha habilidade de saber quando elas vêm de uma garrafa."

"Meu corpo é como um suflê de chocolate ao rum. Se não for propriamente aquecido, não estufa."

kurt hummel

"Nós todos sentimos a humilhação fria do suco na cara."

"Eu não acredito em negar quem você é, mas também não acredito em sair do armário."

"Você é super valente com seus punhos, mas é um covarde quando se trata da verdade."

"Eu e a Rachel poderíamos trabalhar como baristas ou como artistas do Summer Stock."

ALUNOS 23

"Todo mundo sabe que eu estou aqui fazendo apenas uma coisa: dançando!"

Mike Chang

EU SEMPRE ACREDITAREI EM:

NO POP E NA DANÇA

PAIXÕES: Dança, exibir minha barriga, Tina
CLUBES: Clube Glee, futebol americano, Gênios

"Eu tinha medo de dançar fora do meu quarto."

"Sr. Schu, se você está tentando nos destruir para nos reconstruir, está funcionando."

ALUNOS 25

Mike Chang

"É o que eu amo fazer. Nunca será uma perda do meu tempo."

"Falei para a minha mãe que estava gripado, e ela preparou um chá tradicional feito com pelo de panda."

ALUNOS 27

Quinn Fabray

EU SEMPRE ACREDITAREI EM:
CONSEGUIR O QUE EU QUERO

PAIXÕES: Beth, cantar, animar torcidas
INSPIRAÇÃO: O poder da popularidade
LEMA: "Se você continuar buscando aquele final feliz, você nunca vai conseguir exatamente o que quer."

"Eu só quero ser amada por alguém."

"Algumas vezes as pessoas têm que lidar com pequenas adversidades. Eu aprendi isso no Clube Glee."

"Eu sempre fui muito habilidosa com unhas postiças."

ALUNOS

Quinn Fabray

"Rainhas de baile vivem, em média, cinco anos a mais do que as pessoas comuns. Provavelmente porque elas sorriem o tempo todo."

"Nós precisamos ser eleitos rei e rainha do baile. É o símbolo máximo de *status*."

"Sou uma adulta. Posso fazer o que eu quiser."

"Eu traí duas vezes na minha vida. Na primeira, fiquei grávida. Na segunda, contraí mono. Acho que o Universo está tentando me dizer alguma coisa."

ALUNOS 31

MERCEDES JONES

EU SEMPRE ACREDITAREI EM:

MINHA DIVA INTERIOR

PAIXÕES: Cantar, o Lima Bean, criar trajes
CLUBES: Clube Glee, Clube de Celibato, animadoras de torcida
INSPIRAÇÃO: Beyoncé e Whitney Houston
LEMA: "Nem a pau!"

"Veja, só precisamos do meu trovão de chocolate."

"Assim que eu conseguir meu contrato, paro de falar com todos vocês."

"Disseram que o bumbum da JLo era muito grande."

ALUNOS 33

MERCEDES JONES

"Não sonhe. Realize."

34

"Você sabe como é difícil encontrar tênis de couro envernizado, amarelos e de cano alto?"

ALUNOS 35

NOAH PUCKERMAN

EU SEMPRE ACREDITAREI EM:
SOLTEIRONAS

PAIXÕES: Mulheres mais velhas e gostosas, gostosas de qualquer tipo
CLUBES: Clube Glee, futebol americano, os Acafellas

"O que você tem que fazer com as garotas é usar com elas um pouco de gentileza dentro de toda a estupidez que você usa sempre, para que elas voltem a gostar de você."

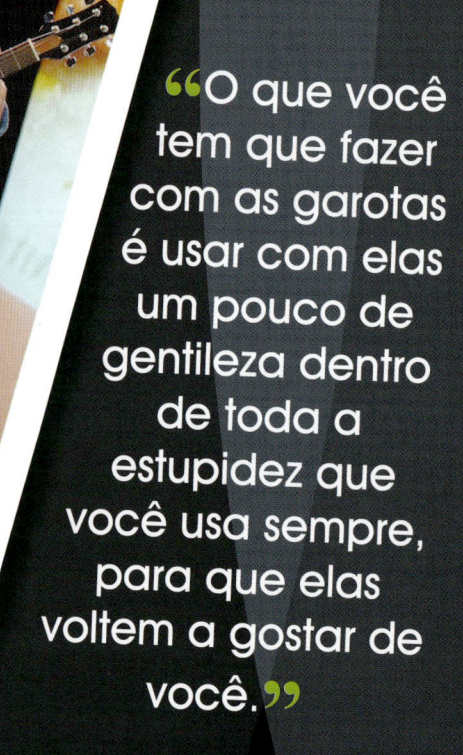

"Ei, perdedores, falem para suas mães me ligarem – eu limpo a piscina e desentupo qualquer outro cano entupido."

"Parece que Napoleão não é apenas uma sobremesa – ele era um cara de verdade."

ALUNOS 37

NOAH PUCKERMAN

"Dos mal-encarados, eu sou o primeiro."

"Ela é a única que escapou – bem, bem devagar."

"Cara, meu histórico escolar tem três volumes."

"Nunca vou voltar para o reformatório. Não tem garotas nem opções de refeições Kosher naquele lugar."

"Eu sei tudo sobre chupões. Sou um perito. Posso fazê-los com formas, como animais de balão."

ALUNOS 39

SANTANA LOPEZ

EU SEMPRE ACREDITAREI EM: NO PODER DE SER UMA CADELA

PAIXÕES: Dançar, cantar, Brittany
CLUBES: Animadoras de torcida, Clube Glee, chicotadas de Bully Whips
LEMA: "Todo mundo sabe que o meu trabalho aqui é parecer gostosa."

"Eu amo garotas do jeito que deveria gostar de garotos."

"Só porque eu odeio todo mundo não significa que todos têm que me odiar também."

"Eu sou da quebrada de Lima, e tenho orgulho disso! Você sabe o que acontece lá em Lima? Coisas caóticas!"

ALUNOS 41

SANTANA LOPEZ

"Eu sei o que é trapacear. Faço isso o tempo todo."

"Estou sendo realista."

"Diz a lenda que quando eu saí da minha mãe, disse à enfermeira que ela era gorda."

ALUNOS 43

Blaine Anderson

EU SEMPRE ACREDITAREI EM:
ROMANCE
PAIXÕES: Cantar, atuar, Roxy Music, futebol americano, Kurt
CLUBES: Clube Glee
LEMA: Katy Perry, Marion Cotillard

❝Você não acha que o momento de aventurar-se é agora? Enquanto somos jovens?❞

ALUNOS 45

Brittany S. Pierce

EU SEMPRE ACREDITAREI EM: MÁGICA

PAIXÕES: Apresentar Foundue para Dois, Santana, dançar, cantar, lançar tendências

CLUBES: Animadoras de torcida, Glee, Gênios

INSPIRAÇÕES: Unicórnios, Papai Noel, gatos

"Você sabia que os golfinhos são apenas tubarões gays?"

"A maior parte dos professores acha que, matando aula, posso melhorar minhas notas."

"Pessoal, bebam com responsabilidade."

ALUNOS 47

ARTIE ABRAMS

EU SEMPRE ACREDITAREI EM:
SEGUIR MINHA PAIXÃO

CLUBES: Clube Glee, futebol americano, Gênios
INSPIRAÇÕES: Jay-Z
LEMA: "Quando um homem encontra sua vocação, tudo fica bem em seu mundo."

"Eu nunca vou enterrar uma bola de basquete ou matar um leão. Preciso manter o foco nos sonhos que posso realizar."

"Eu sou só um garanhão em uma cadeira."

ALUNOS 49

Tina Cohen-Chang

EU SEMPRE ACREDITAREI EM: SEGUIR MINHA PAIXÃO

PAIXÕES: Cantar, dançar, Mike, "tanquinho do Mike"
CLUBES: Clube Glee, futebol americano, Gênios
INSPIRAÇÕES: Vampiros asiáticos
LEMA: "Eu me amo e nunca mudaria nada."

"Estou tão influenciada pelo amor! Eu te amo, Mike Chang!"

"Já que não existe nenhum símbolo sexual asiático para eu me inspirar, acho que eu mesma terei que ser um."

"Se você consegue imaginar, pode tornar real."

ALUNOS 51

VIDA DE ESTUDANTE

MCKINLEY HIGH M

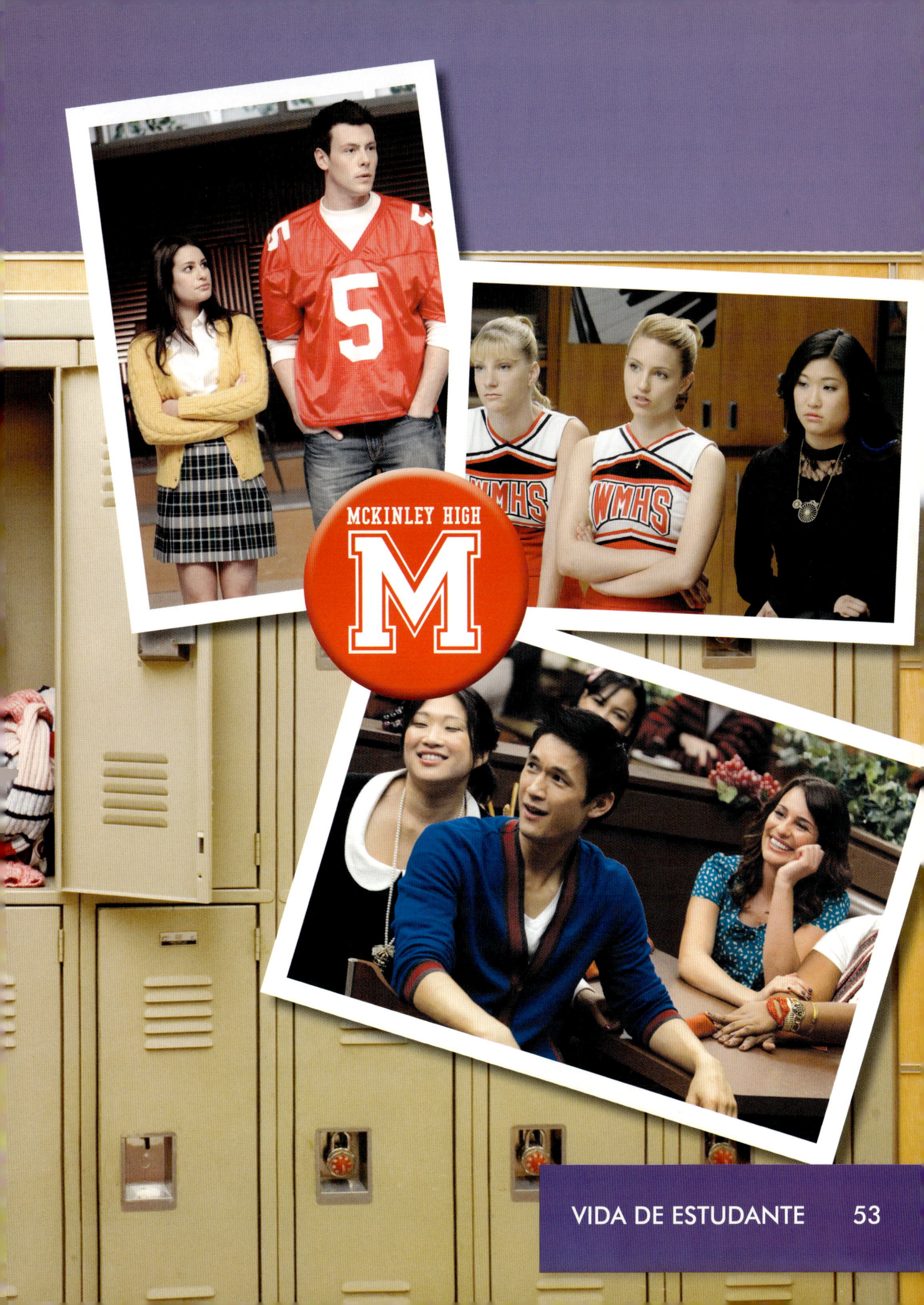

VIDA DE ESTUDANTE   53

DISSERAM PELOS

"Tudo que o Bieber faz é épico." — Sam Evans

"Se eu fosse um país, minha bandeira seria um grande punho mostrando o dedo do meio para o resto do mundo." — Lauren Zizes

"A tecnologia permite que sejamos brutalmente cruéis sem sofrer consequências. No passado, se eu quisesse dizer a uma pessoa que ela é uma idiota, teria que dizer na cara dela." — Jacob Ben Israel

"Quando vi vocês cantando e dançando na lanchonete, pensei: 'eu sou muito melhor do que vocês'." — Sugar Motta

CORREDORES

"Você acha que antes de travar um cara eu o abraço?" — Shane Tinsley

"Eu amo tudo que diz respeito à América, especialmente NASCAR, seu presidente meio negro e os catálogos da Victoria's Secret." — Rory Flanagan

"Isto é o colégio. As boas recordações das pessoas duram o mesmo tempo do *status* do Facebook." — Dave Karofsky

"Treinador, com todo o respeito, mas meu pai não me criou para ser nenhuma droga de bailarina. Na verdade, meu pai nem me criou." — Azimio Adams

VIDA DE ESTUDANTE

Aluno do Colégio Mckinley que possivelmente vai...

Criar sua própria marca de jeans (ou tornar-se um produtor de eventos):
Kurt

Ser parado dirigindo um Segway na estrada (ou tornar-se guia turístico de viagens no tempo):
Brittany

Apresentar-se em um intervalo do Super Bowl:
Mercedes

Ser o líder do Clube Glee do Colégio McKinley em dez anos:
Finn

Tornar-se prefeito do distrito de Lima:
Santana

Estrelar seu próprio reality show:
Puck

Ter um casamento com o tema do New Directions:
Mike e Tina

Ter seu próprio estúdio:
Artie

Apresentar o Tony Awards:
Rachel

Apresentar-se em cruzeiros marítimos:
Sam

Ser um esposo do lar:
Blaine

VIDA DE ESTUDANTE   57

McKINLEY

Aquela música é tão deprimente que eu posso realmente estar morta agora.

Sendo uma garota gostosa de 17 anos, você pode fazer e se livrar de tudo que quiser.

Kurtcedes

58

HONESTO

Desculpa por ter engravidado sua namorada.

Você está questionando minha rebeldia?

Como líder do nosso time e árbitra de tudo que é bom, preciso dizer: eu não acho que esta música seja boa o suficiente para as Regionais.

VIDA DE ESTUDANTE 59

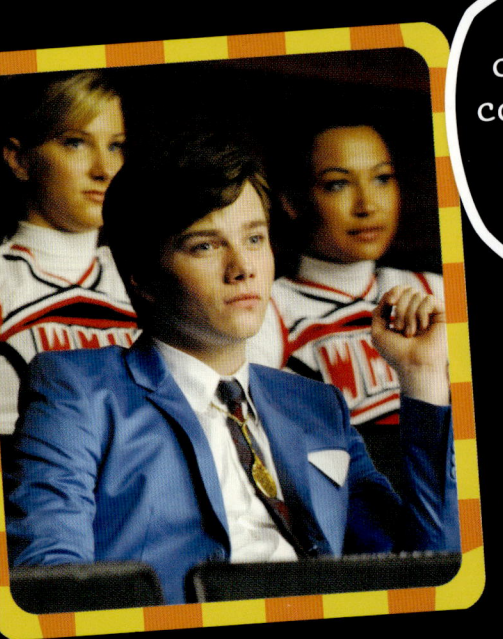

O *status* é como a moeda corrente. Mas, agora, somos como ativos podres.

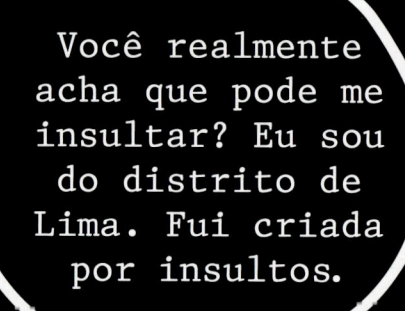

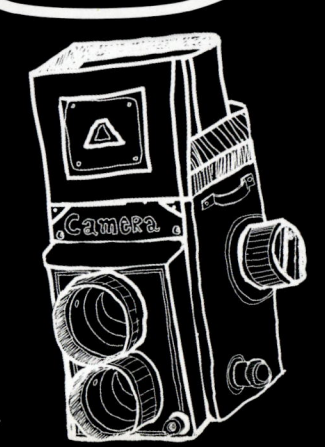

Você realmente acha que pode me insultar? Eu sou do distrito de Lima. Fui criada por insultos.

> Quando te vejo dançar...essa é a razão pela qual sou apaixonada por você.

> Um unicórnio é alguém que sabe que é popular e não tem medo de demonstrar isso.

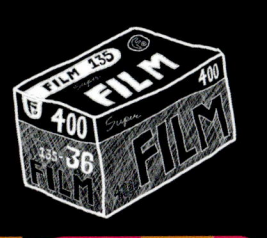

VIDA DE ESTUDANTE 61

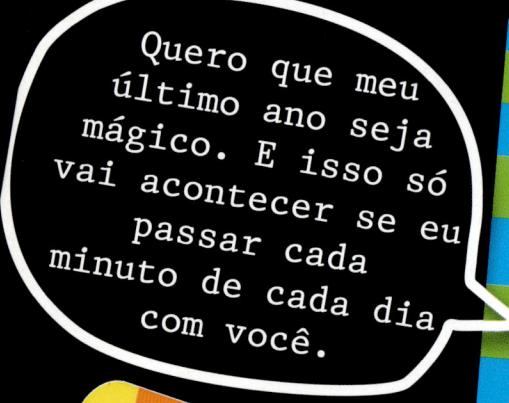

> Quero que meu último ano seja mágico. E isso só vai acontecer se eu passar cada minuto de cada dia com você.

> Neste colégio, o que te faz diferente é o que é usado para te massacrar.

> Uma conversa um pouco mais próxima sempre leva a algo mais. Eu já passei por isso. Lembra?

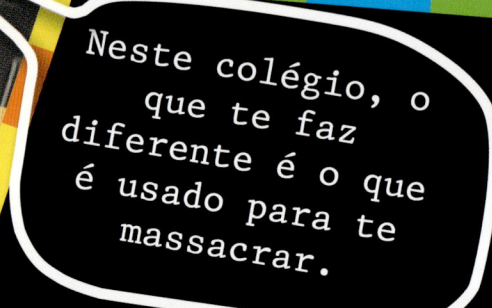

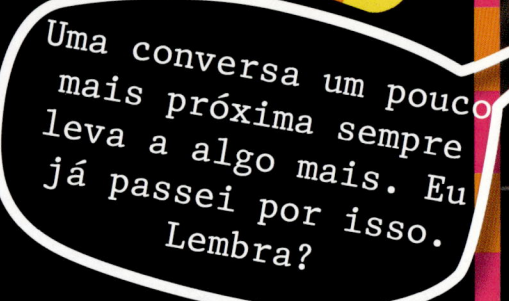

Eu só sou realmente generosa quando há algum benefício para mim.

Eu só quero falar com você. De um judeu gostoso para uma judia gostosa.

VIDA DE ESTUDANTE 63

SLUSHIE NA CARA

A GRANDE DESTRUIÇÃO QUE ATERRORIZA OS TITANS DESDE 1992!

VIDA DE ESTUDANTE 65

VOCÊ SE LEMBRA DE QUANDO...

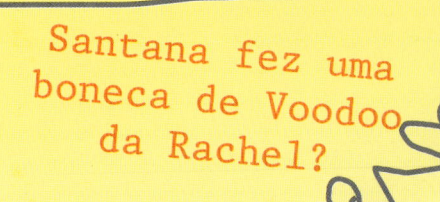

Santana fez uma boneca de Voodoo da Rachel?

Finn acreditava no Grilled Cheesus?

Sue Silvester quase roubou o Natal?

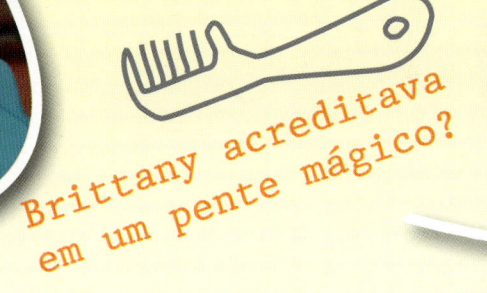

Brittany acreditava em um pente mágico?

Puck estava no reformatório?

Rachel colou sua boca com silver tap?

Santana passou mono para Finn e Quinn de propósito?

Finn quebrou o nariz de Rachel por acidente?

Emma Pillsbury quase casou com Ken Tanaka?

Sue Silvester era a diretora?

Quinn era uma rebelde?

SKANK

Puck gostava de Lauren?

VIDA DE ESTUDANTE 67

VOCÊ SE LEMBRA DE QUANDO...

Rachel tinha uma quedinha por Will Schuester?

Finn e Quinn eram apaixonados?

Will Schuester formou os Acafellas?

Kurt estava no time de futebol americano

"Oi, eu sou Kurt Hummel e vou fazer o teste para jogador."?

O time de futebol americano apresentou Michael Jackson no intervalo?

Rachel era namorada de Jesse St. James?

Santana e Karofsky ficaram?

O New Directions foi escalado para um comercial de colchões?

VIDA DE ESTUDANTE 69

VOCÊ SE LEMBRA DE QUANDO...

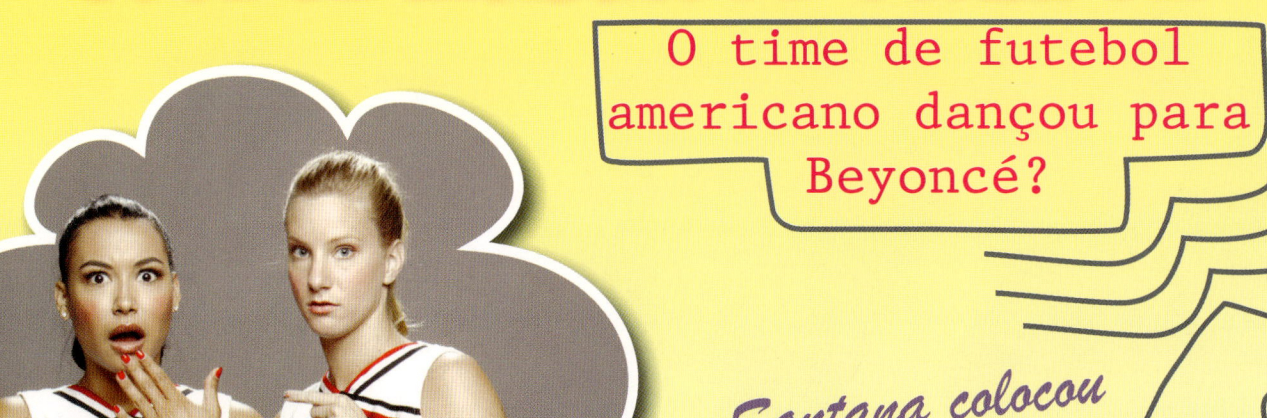

O time de futebol americano dançou para Beyoncé?

Santana colocou silicone?

Sue casou consigo mesma?

Brittany disputou na competição de decatlo acadêmico?

Rachel encheu as urnas:
"Quem pode culpar uma garota desesperada prestes a se mudar para Nova York sem seu melhor amigo gay? E se ela precisar de uma mudança no visual ou um suflê?"?

Mercedes e Rachel fizeram um "Duelo de Divas"?

O beijo de Finn e Rachel fez o New Directions perder as finais?

Rachel ia esperar até ter 25 anos de idade para perder a virgindade?

VIDA DE ESTUDANTE 71

VOCÊ SE LEMBRA DE QUANDO...

Rachel, Mercedes e Sam foram os acompanhantes uns dos outros no baile?

Rachel queria ter o nariz de Quinn
"É menos hebraico e mais 'Fabray'."?

Finn e Rachel foram testemunhas protegidas?

Kurt foi Rainha do Baile
"Morra Kate Middleton."?

Kurt era um Warbler?

Karofsky era um brutamontes que passou a ser um Bully Whips?

72

Mike tirou 9 (que corresponde a um zero na Ásia)?

Artie era o serviço comunitário de Puck?

Artie entrou para o time de futebol americano?

O time de futebol americano trancou Puck em um banheiro móvel?

Tina e Santana escreveram "Boca de Truta"?

VIDA DE ESTUDANTE   73

DIAS DE ENTUSIASMO

EVENTO DOS LÍDERES DE TORCIDA POR AQUI.

WMHS

MERCEDES E KURT FAZEM O CORTEJO CENTRAL EM UM EVENTO DOS LÍDERES DE TORCIDA

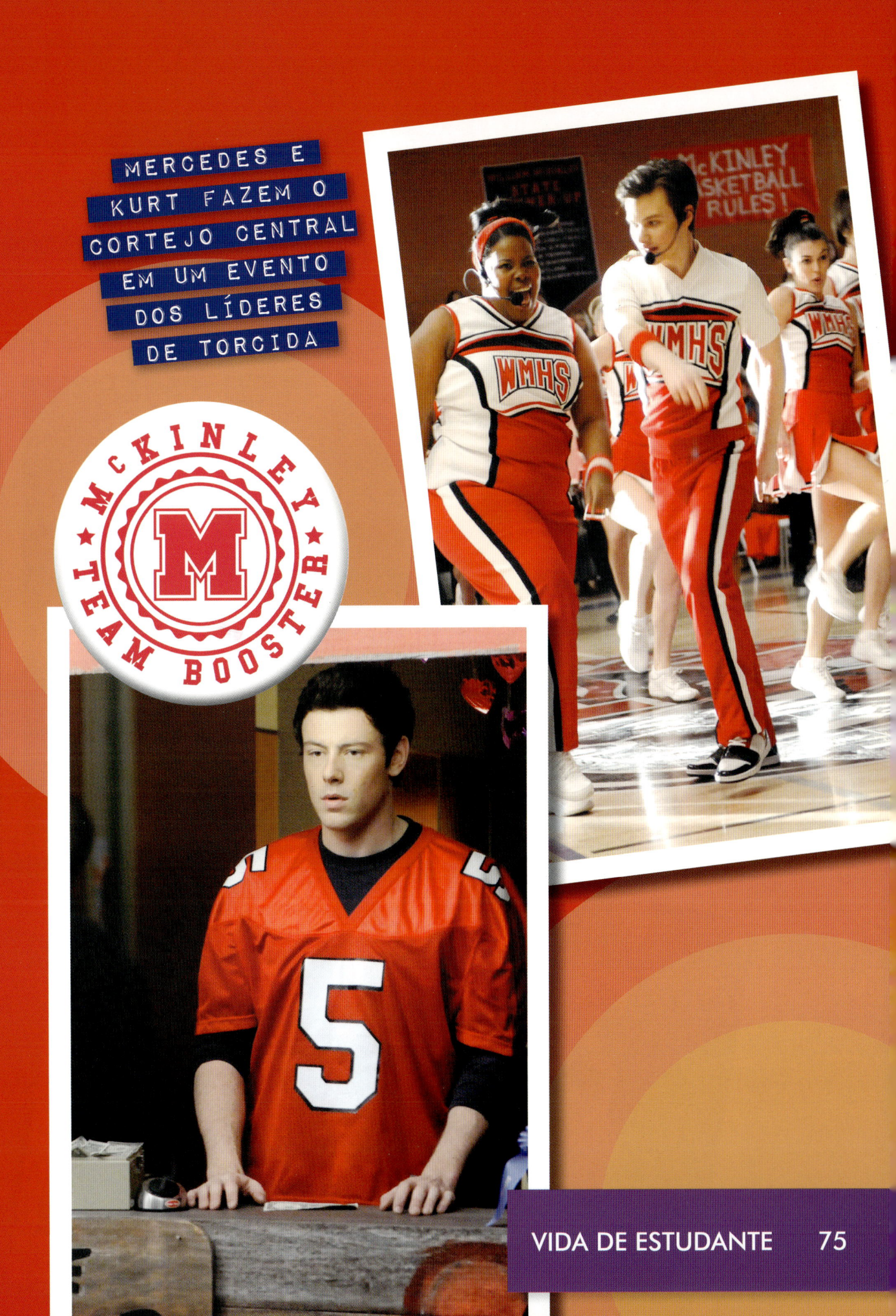

VIDA DE ESTUDANTE 75

WMHS GLEE CLUB Handicapable BUS BAKE SALE

FLERTE NO BALCÃO DA PADARIA.

WMHS

O CLUBE GLEE VENDEU BOLINHOS VERMELHOS DOS TITANS PARA ARRECADAR $600 PARA O ÔNIBUS DO ARTIE.

VIDA DE ESTUDANTE 77

CORPO DOCENTE

3/2012

78

Dever de casa para sexta-feira

CORPO DOCENTE   79

Will Schuester

PROFESSOR DE ESPANHOL, DIRETOR DO CLUBE GLEE, EX-DIRETOR DA DETENÇÃO.

MÚSICA FAVORITA: Qualquer balada
PONTO FRACO: Música dos anos 80
LEMA: "A vida só tem um começo e um fim. O resto é só um monte de meio."

"O Clube Glee serve para que você se expresse para você mesmo."

"Todo mundo ADORA Disco!"

CORPO DOCENTE 81

Sue Sylvester

TREINADORA DOS LÍDERES DE TORCIDA, TREINADORA DO AURAL INTENSITY, EX-TREINADORA DO CLUBE GLEE.

RAZÃO DA FAMA: Artista top 700
QUALIDADES POSITIVAS: Vingativa, maldosa, pedante e falsa
META: Transformar os Estados Unidos em monarquia
MÚSICA FAVORITA: Qualquer uma que não seja uma balada
INSPIRAÇÃO: Madonna
NOTA DA TREINADORA SYLVESTER: "Todas as outras questões, relacionadas ou não à mídia, devem ser dirigidas ao meu advogado."

"É assim que Sue vê tudo!"

"Por que alguém deduziria que sou amiga da Helen só porque sou masculina, tenho cabelo curto, uso apenas roupas esportivas, sou treinadora do time feminino e sou casada comigo mesma?"

CORPO DOCENTE 83

Shannon Beiste
TREINADORA DE FUTEBOL AMERICANO

HOBBY: Dança em fila
LEMA: "Eu coordeno as S.S. vencedoras, não as S.S. insolentes."
MÚSICA FAVORITA: Qualquer uma que seja country

"Você não viveu o suficiente até que tenha me visto com um chapéu de cowboy!"

"Eu sou uma garota e tanto."

CORPO DOCENTE   85

Emma Pillsbury

ORIENTADORA PEDAGÓGICA, CONSELHEIRA DO CORPO DOCENTE PARA O CLUBE DE CELIBATO

INSPIRAÇÃO: Julie Andrews
SONHO DE INFÂNCIA: ser uma produtora de laticínios

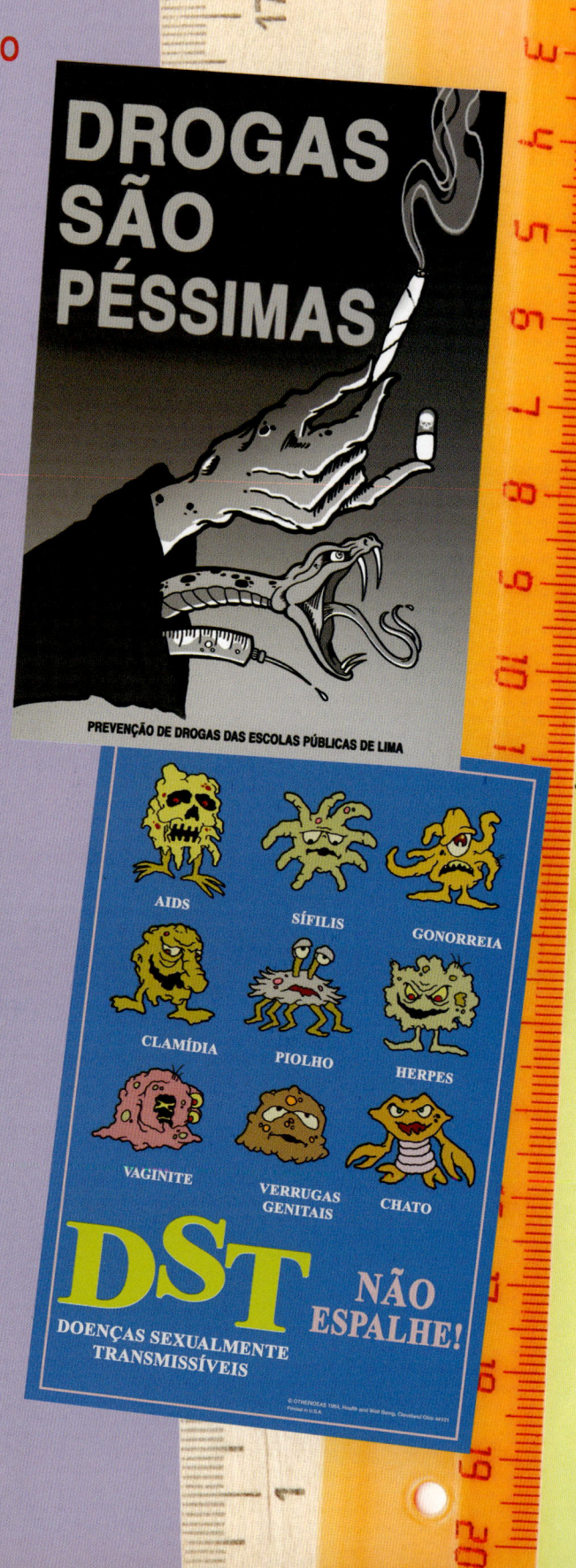

"Em que idade se pode olhar para trás com nada, além de arrependimentos?"

"Sempre achei estranho comer algum doce que foi tocado por outra pessoa."

CORPO DOCENTE 87

CONVERSA DE PROFESSOR

— Você confia em mim?

— Você não vai tentar me beijar outra vez, vai?

88

"Uau, Will! São muitos coletes!"

"Adivinha quem, ao menos uma vez, não vai encher as meias de Natal com carvão – nós."

CORPO DOCENTE 89

Eu faço isso, eu alterno qual desses garotos eu odeio mais. No momento, é o asiático dançante.

Ser ruiva deu o que falar por toda a minha vida. As pessoas dizem que eu tenho cheiro de cobre. Eu posso ter uma insolação dentro de casa, à noite. De acordo com uma lenda recente, eu não tenho alma.

Sabem o que não tem data de validade, eleitores? Minha fúria.

Estou muito chateada. Eu sinto como se estivesse vivendo em uma música country.

CORPO DOCENTE

Sue × Schu

Will: Vamos fazer uma trégua, Sue.
Sue: Não, eu não vou fazer trégua nenhuma. A menos que consiga dar um tiro na sua virilha!

Will: Você é uma pessoa muito boa, por dentro. Eu admiro o que você está fazendo pelos alunos. Não vou esquecer.
Sue: De verdade, vou vomitar na sua boca.

Will: Eu amo meus alunos.
Sue: Faça com o seu pequeno grupo de alunos deprimentes o que eu fiz com a minha mãe, velha e rica: eutanásia. É tempo.
Will: Não é o objetivo do Clube Glee, Sue.

Sue: Onde está o ódio?
Will: Sabe o que você é, Sue? Você é um Grinch.

Sue: Eu não confio em um homem de cabelo cacheado. Só consigo imaginar passarinhos botando ovos sulfurosos aí, e me dá nojo.

Will: Seu orçamento para pompons é $4.000 por mês!
Sue: Ânimo não tem preço.

Will: Pensei que você odiava os feriados.
Sue: Não, eu só odeio você!

Will: Você sempre quis me pegar.
Sue: Se eu quisesse te pegar, você já estaria preso em um frasco de conservas na minha prateleira.

CORPO DOCENTE

REPÓRTER ITINERANTE

Aqui é Jacob Ben Israel, o Repórter Itinerante do Livro do Ano, sintonizando tudo que você quer e precisa saber!

Obs: Rachel, se você está lendo isso, eu quero lhe dar uns pegas.

J.B.I + R.B. = Pra Sempre

ESPERANDO POR
SEUS SOLOS

REPÓRTER ITINERANTE 95

FOFOCAS
O Mapa dos Amores do Colégio McKinley

santana

sam

quinn

tina

mike

rachel

jesse

finn

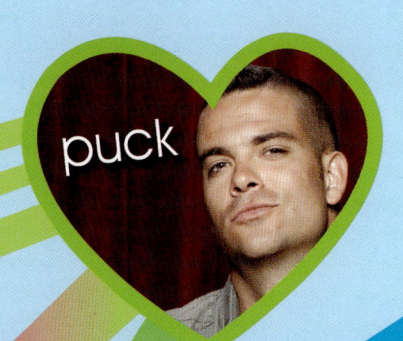

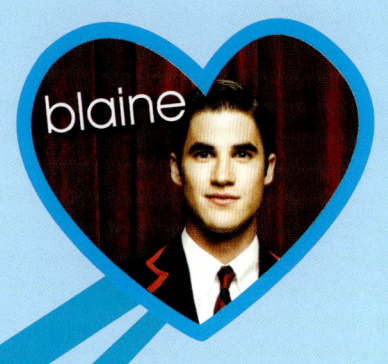

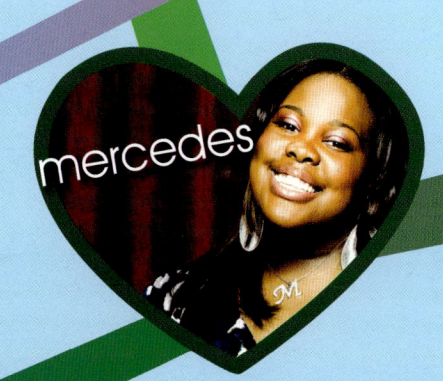

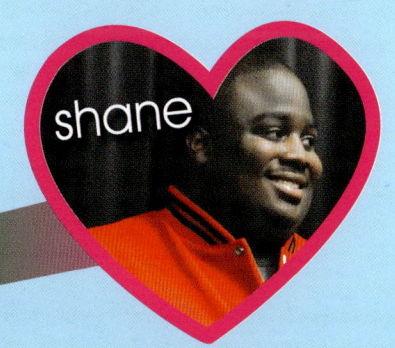

REPÓRTER ITINERANTE   97

Notas da Caixa Preta

O lixo de um Titan é o tesouro de outro... seu Repórter Itinerante encontrou, casualmente, estas anotações. Parece que algumas pessoas não descobriram uma coisinha que eu gosto de chamar de máquina de picar papel.

Querido Diário,

Sinto-me indiferente outra vez, hoje. Começou ao amanhecer, quando tentei fazer uma batida com ossos de carne bovina e quebrei meu liquidificador. E então, nos treinos, desastre. Foi terrível. Foi como descobrir a primeira faísca em Hindemburg — um tremor. Esse tremor nos fará perder as Nacionais.

Sem um campeonato, eu vou perder a verba. Sem a verba, eu não conseguirei comprar meu hovercraft.

Querido diário,

Clube Glee-e-e-e. Todas as vezes que eu tento destruir aquele monte de comedores-de-casca-de-ferida-que-respiram-pela-boca, eles renascem mais fortes, como um sexualmente ambíguo vilão de filme de terror. Estou prestes a completar 30 anos, e sacrifiquei tudo para ser recrutada à força pelas maneiras da intriga de adolescentes fora de forma. Estou esquecendo alguma coisa, Diário? Será que sou eu o problema? Claro que não sou eu.
É o Will.

Lixo ou Tesouro?

REPÓRTER ITINERANTE

Notas da Caixa Preta

Para: Diretor Figgins
Data: _____ **Horário** _____ A.M./P.M.
ENQUANTO VOCÊ ESTEVE FORA
O (a): Pai
De: _____
☐ Telefone _____
☐ Fax _____
☐ Celular _____
Código de Área / Número / Observações

TELEFONOU	FAVOR CHAMAR
VEIO PROCURÁ-LO	VAI LIGAR NOVAMENTE
QUER ENCONTRÁ-LO	URGENTE
RETORNOU SUA LIGAÇÃO	ATENÇÃO ESPECIAL

Mensagem: Um pai ligou para saber por que os alunos estão comendo comida de penitenciária no almoço. Pede que ligue de volta para discutir a situação imediatamente.

Encontre-me no Breadstix — você-sabe-quem precisa, seriamente, de uma intervenção gay.

O QUE VOCÊ ACHA DE DARMOS O NOME DRAZZLE PARA O BEBÊ?

Para: Diretor Figgins
Data: _____ **Horário** _____ A.M./P.M.
ENQUANTO VOCÊ ESTEVE FORA
O (a): Sue
De: _____
☐ Telefone _____
☐ Fax _____
☐ Celular _____
Código de Área / Número / Observações

TELEFONOU	FAVOR CHAMAR
VEIO PROCURÁ-LO	VAI LIGAR NOVAMENTE
QUER ENCONTRÁ-LO	URGENTE
RETORNOU SUA LIGAÇÃO	ATENÇÃO ESPECIAL

Mensagem: A Sue telefonou. Ela exige sua renúncia como diretor desta escola. Além disso, antes de você sair, ela quer que desfaça o Clube Glee.

Assinatura

Você é um total unicórnio.

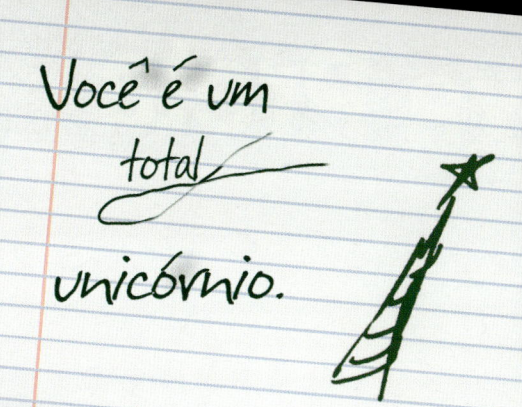

ACABEI DE PEGAR VOCÊ CONFERINDO MINHA PISTOLA.

Finchel, seu bigode precisa ser penteado.

Finn, olhe o calendário – atualize-o.

Rachel e Finn
R'nF ♡
RB+FH
Sr. e Sra. Hudson
E o vencedor é...
Rachel Berry Hudson
Rachel e
Finn Berry-Hudson

Fondue
é fondue para dois onde os
unicórnios vivem livres
eu amo a Santana

miau
Senhor Tubbington,
por favor, não use mais drogas!
Como você vai miar?

REPÓRTER ITINERANTE

BRITTANY

Como uma repórter, é minha natureza manter os olhos e ouvidos atentos o tempo todo. Eu vi e ouvi muito este ano, no McKinley. Mas as melhores frases de efeito com as quais esbarrei foram, é claro, da líder de torcida loira e avoada, favorita de todos os Titans. Brittany, esta página é para você.

> O Senhor Tubbington pode comer queijo porque está fazendo a dieta do Dr. Atkins.

> Esta sala parece com a sala da espaçonave que me abduziu.

> Meu Deus, como estou triste. Tanto quanto um pequeno panda triste.

Sabe, nós éramos como Os Três Mosqueteiros, e agora eu e Santana somos como Almond Joy, e você é como uma balinha Jolly Rancher que caiu no cinzeiro.

Os meus lábios se movem, mas só sai poeira deles.

Eu tinha certeza que o nosso troféu nacional cresceria durante o verão.

Eu não escovo meus dentes. Eu enxáguo minha boca com refrigerante depois de comer.

Bem, quando um pônei faz uma coisa boa, ele ganha um chifre e se torna um unicórnio, e ele faz cocô de algodão doce, até que esquece que é mágico. E então seu chifre cai. E unicórnios pretos viram zebras.

O quê? Os Sour Patch Kids são apenas Ursinhos Gummi que se voltaram para as drogas?

Ela é uma garota. Ficar com ela não é traição. É apenas duas amigas conversando com suas línguas super próximas.

Quando puxei o freio de mão, fui a um misógino.

Meu nome do meio é Susan, meu último nome é Pierce. É isso que me faz Brittany S. Pierce. "Brittany Spierce". Vivi minha vida inteira na sombra da Britney Spears.

Se for eleita, com certeza terei guloseimas disponíveis a qualquer momento. Elas ajudam na concentração.

REPÓRTER ITINERANTE 103

CLUBE

GLEE

CLUBE GLEE 105

ENSAIOS

O Clube Glee representa o que está dentro de você.

New

"Ser parte de algo especial – tornou-me especial." – Tina

Directions

CAMPEÕES DA REGIONAL DE SHOWS DE CORAL DO MEIO OESTE DE 2012!

CLUBE GLEE SENTINDO O RITMO DA BATIDA.

CLUBE GLEE 107

PERFORMANCES

"Você é tão ambicioso quanto eu. É por isso que somos amigos."
– Rachel

TESTES PARA "WEST SIDE STORY".

CLUBE GLEE 109

PERFORMANCES

ENVOLVENDO-SE NA BATIDA.

"Quem se importa com o que vai acontecer na hora em que chegarmos lá, quando o caminho tem sido tão divertido?" – Will

CLUBE GLEE 111

PERFORMANCES

QUEBRANDO TUDO.

CONECTANDO-SE COM SUA DIVA INTERIOR.

CLUBE GLEE 113

PERFORMANCES

> "Você é a nossa líder, Rachel. A forma como você pega no nosso pé é irritante, mas também é o que mantém o clube motivado" — Finn

O PODER DO NEW DIRECTIONS.

CLUBE GLEE 115

PERFORMANCES

ISSO É QUE É ATITUDE.

"'Cabelografia' é todas elas jogando os cabelos só para mostrar que não dançam bem." – Rachel

116

CLUBE GLEE 117

PERFORMANCES

ILUMINANDO FINN

BIS, POR FAVOR.

CLUBE GLEE 119

NEW YORK, NEW YORK

> "Esse é o momento, naquelas comédias românticas, em que eu te beijo."
> — Finn

CLUBE GLEE 121

NEW YORK, NEW YORK

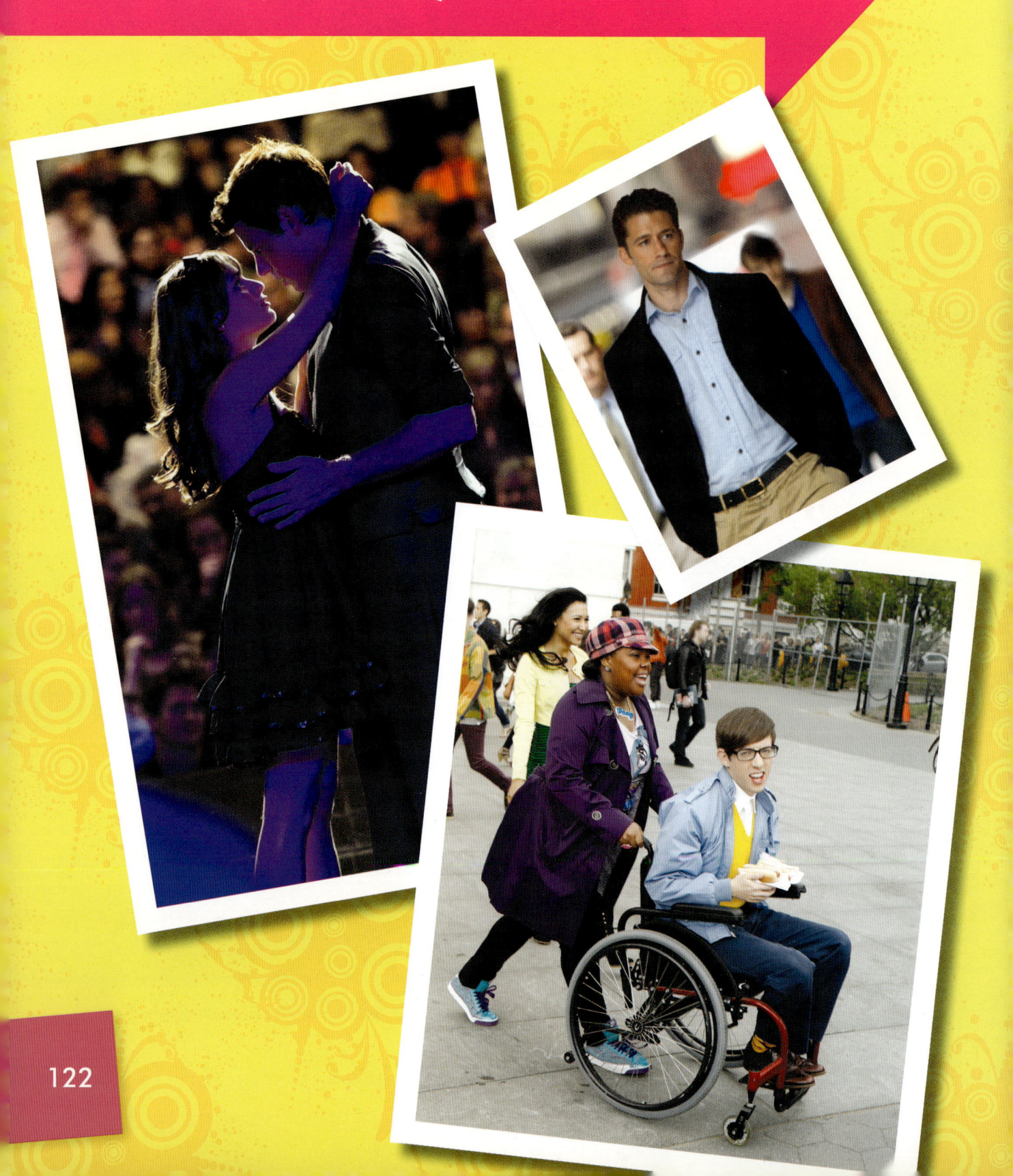

> A BROADWAY É A MELHOR AMIGA DE UMA GAROTA.

CLUBE GLEE 123

EDUCAÇÃO FÍSICA

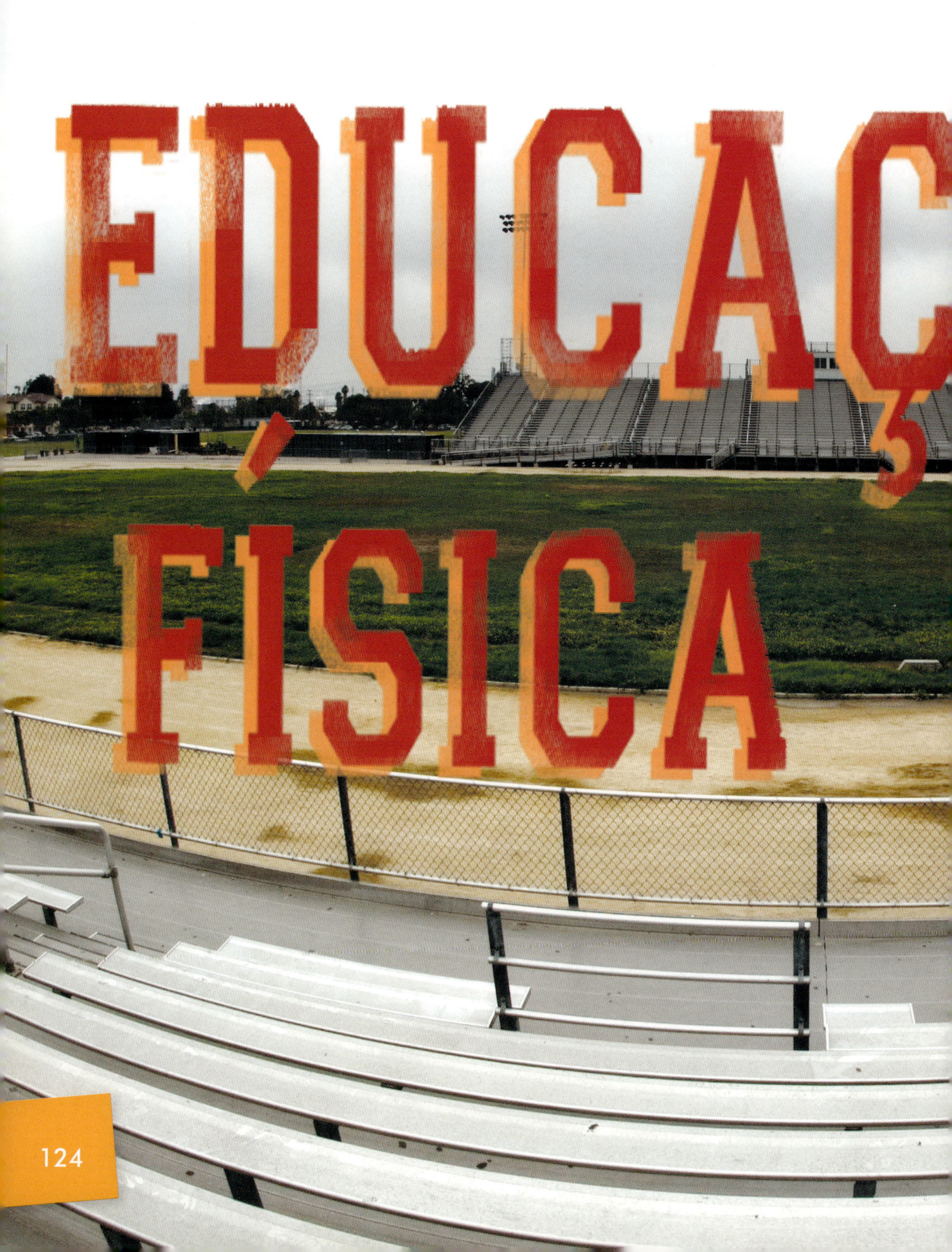

EDUCAÇÃO FÍSICA   125

FUTEBOL AMERICANO

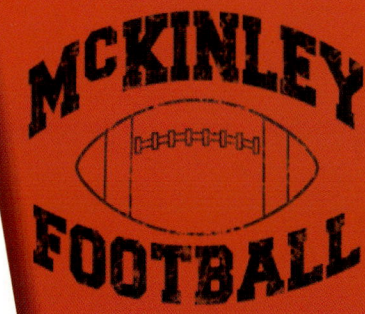

McKINLEY FOOTBALL

RODANDO PARA A VITÓRIA DOS TITANS!

126

APONTE PASSE E CANTE

EDUCAÇÃO FÍSICA 127

TORCIDA!

EU SOU SUE SILVESTER. TENHO UM CORAÇÃO HUMANO, E EU APROVO ESTA MENSAGEM.

A política é um negócio sujo e é por isso que eu gosto dela. Pensei que as pessoas queriam um candidato que servisse para alguma coisa. Foi por isso que adotei aquela postura a favor da expulsão. Mas os eleitores decidiram eleger um babuíno sem coração, e eu sigo em frente. Sabe o que mais é um negócio sujo? Torcida. Vejam por vocês mesmos. Eu patrocino esta sessão – Pelo poder da Sue.

SUE'S CORNER
...E É ASSIM QUE A SUE VÊ TUDO!

TIME DE *Líderes de Torcida* DO COLÉGIO McKINLEY

EDUCAÇÃO FÍSICA 129

ANIMAR TORCIDAS: É PARA QUEM GANHA.

"Antes de mais nada, uma treinadora de futebol americano é como um enfermeiro... um pecado contra a natureza."

"Meus alunos não me amam. Eles têm medo de mim."

"Animar torcidas é um esporte. Há perigos no processo. Igual a quando um quarterback é derrubado, ou um jogador de hóquei é esmagado nas paredes."

"As crianças devem conhecer o medo. Sem ele, não saberão como se portar. Tentarão domesticar ursos pardos ou pensarão em morar na Flórida."

"Cada uma de vocês aumentará o busto com costeletas de frango, como tentativa de somar alguma emoção à coreografia mais entediante que já testemunhei."

QUEIMADA

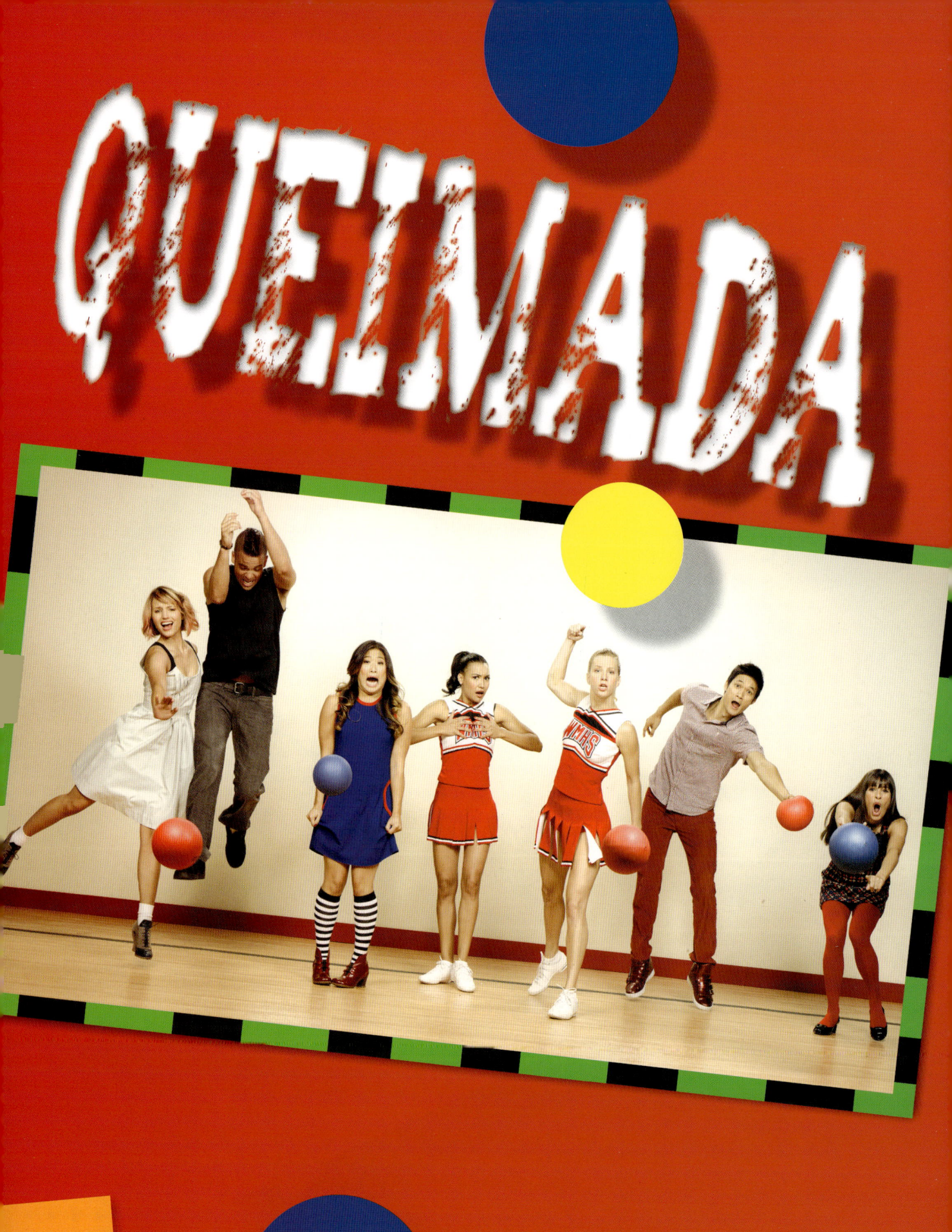

EDUCAÇÃO FÍSICA 133

ISSO É GUERRA

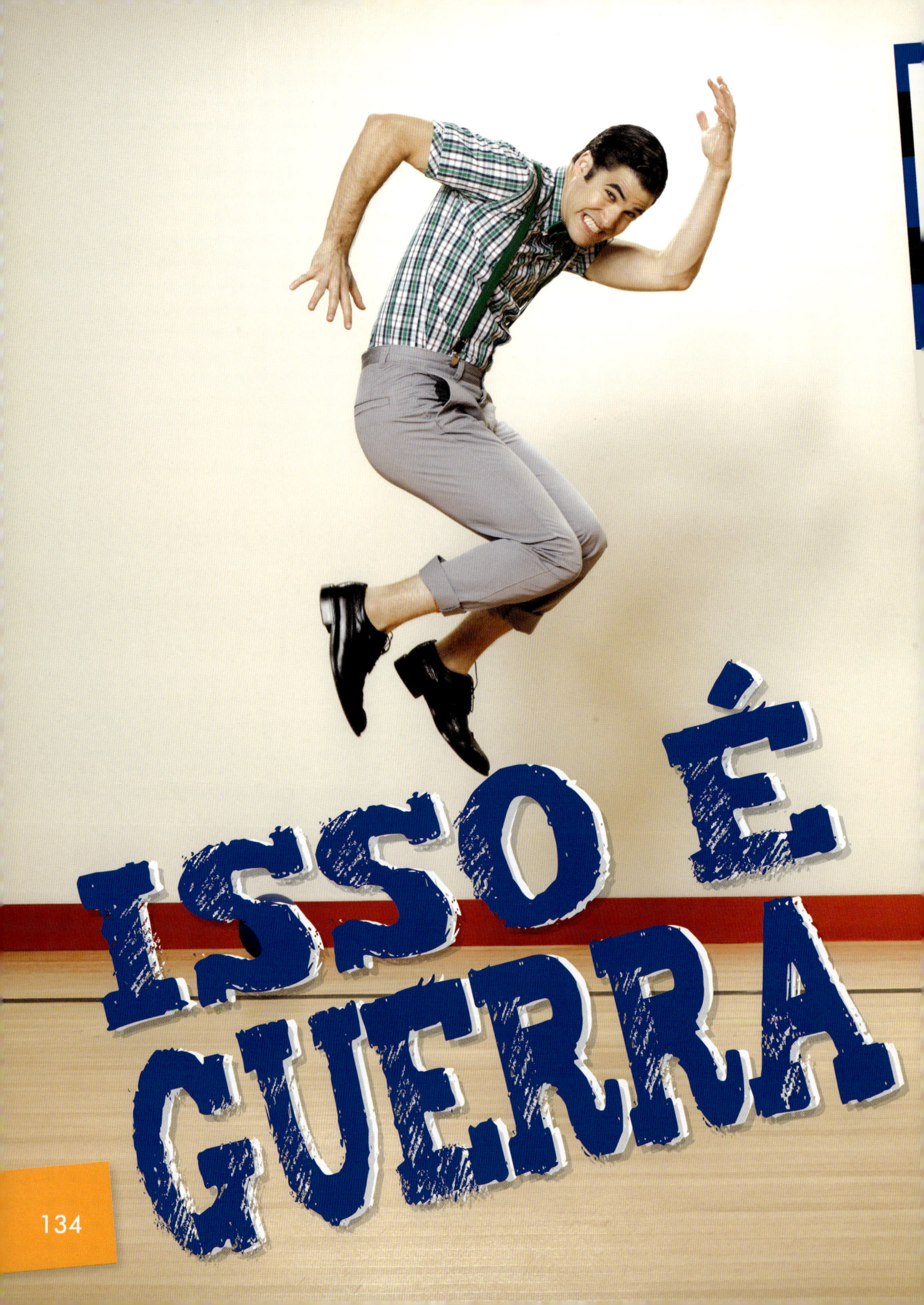

EDUCAÇÃO FÍSICA 135

AMIGOS DO McKINLEY

"'Amigos do McKinley' é patrocinado, em parte, pelo congressista Burt Hummel."

> "O objetivo de ter algo sagrado é que isso tem precedência sobre qualquer outra coisa que esteja acontecendo com você."
> — Burt Hummel

Breadstix
ITALIAN RESTAURANT

BRAVO, FORMANDOS!

TRAGA SEU DIPLOMA E GANHE UM JANTAR DE ESPAGUETE COM ALMÔNDEGAS GRÁTIS.*

DE: SANDY E SEUS AMIGOS DO BREADSTIX

*Limite de um prato por cliente. O diploma precisa estar assinado para ser válido.

ROSALITA'S ROADHOUSE

Touchdown, Titans!

Mantenha o gingado! Venha para a Roadhouse da Rosalita!

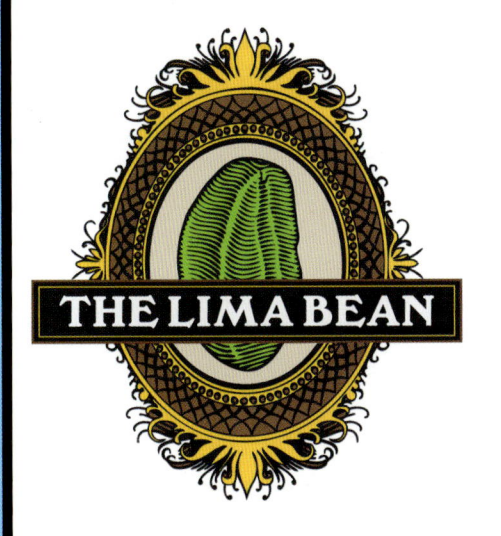

THE LIMA BEAN

Café Lima Bean, servindo cafeína aos jovens, com orgulho, por mais de sete anos.

scandals
COCKTAILS & DANCING

O que é uma festa de formatura sem um escândalo ou dois?

Parabéns, formandos do McKinley!

— Seus amigos do Scandals

AMIGOS DO McKINLEY

Finn e Kurt,
estamos muito orgulhosos
de vocês dois!
Com amor,
Mamãe e Papai

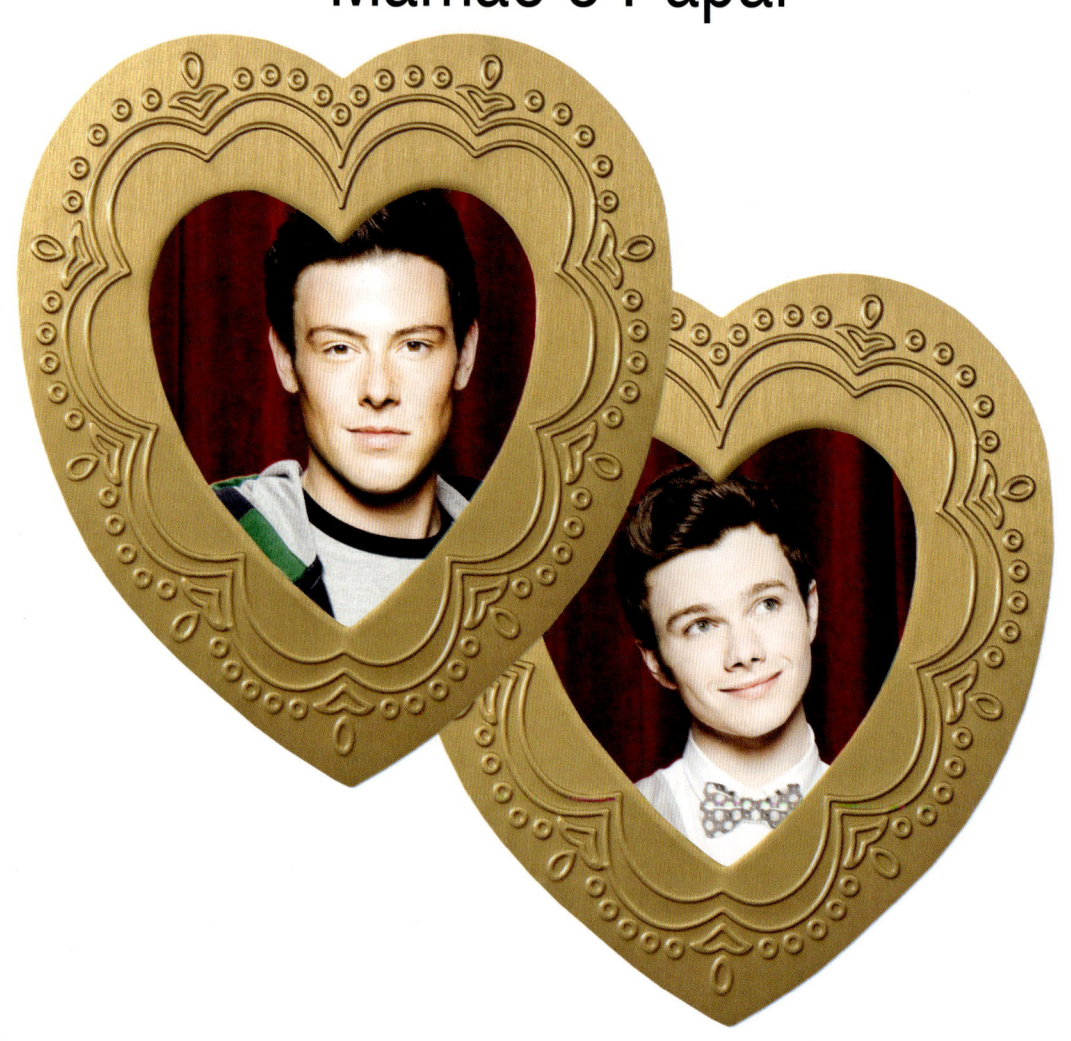

À nossa mais querida estrela, Rachel, você trabalhou duro por este momento. Estamos sempre orgulhosos de você. Com amor, papai e papai.

Formandos do Colégio McKinley, parabéns dos pais da estrela!
Leroy Berry e Hiram Berry (pais da Rachel)

AMIGOS DO McKINLEY

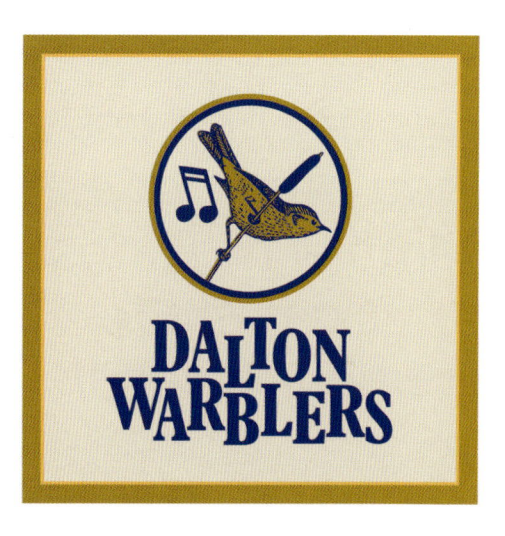

Blaine e Kurt – vocês sempre serão
Warblers aos nossos olhos!
OS WARBLERS, ESCOLA DALTON

WHON NOTÍCIAS, *presentes quando os formandos do Colégio McKinley fazem as manchetes… boas ou ruins.*

Parabéns, turma de 2012.
Aqueçam seus motores...
É hora de correr para o futuro!

Hummel TIRES & LUBE

Sugar,
Você é a mais doce e a melhor!

Com Amor,
Papai Al
Motta –
Motta Pianos

AMIGOS DO McKINLEY

*Muitas felicidades, formandos!
Estaremos aqui para vocês quando sua
princesinha estiver pronta
para competir.
Sinto cheiro de dueto no ar...
Parabéns, formandos!*

Miss Toddler — Allen County

Sinto cheiro de dueto no ar...
Parabéns, formandos!
– *April Rhodes*

CROSSRHODES
THE APRIL RHODES STORY

Formandos,
Vamos comer
tacos!

– Holly Holiday

142

Autógrafos

Autógrafos

McKINLEY THUNDERCLAP

Autógrafos

Autógrafos

Autógrafos

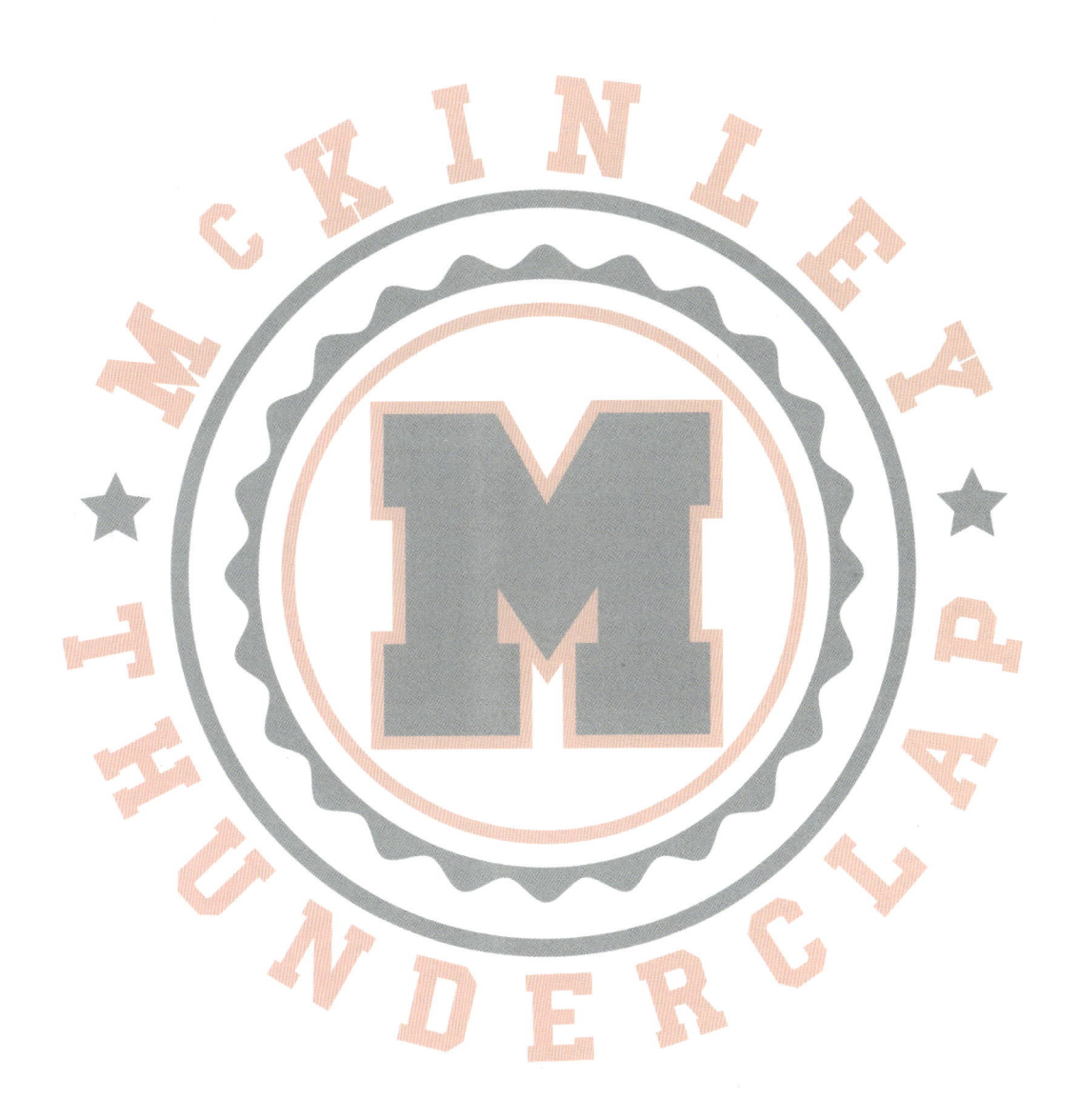

OUTRAS OBRAS DA

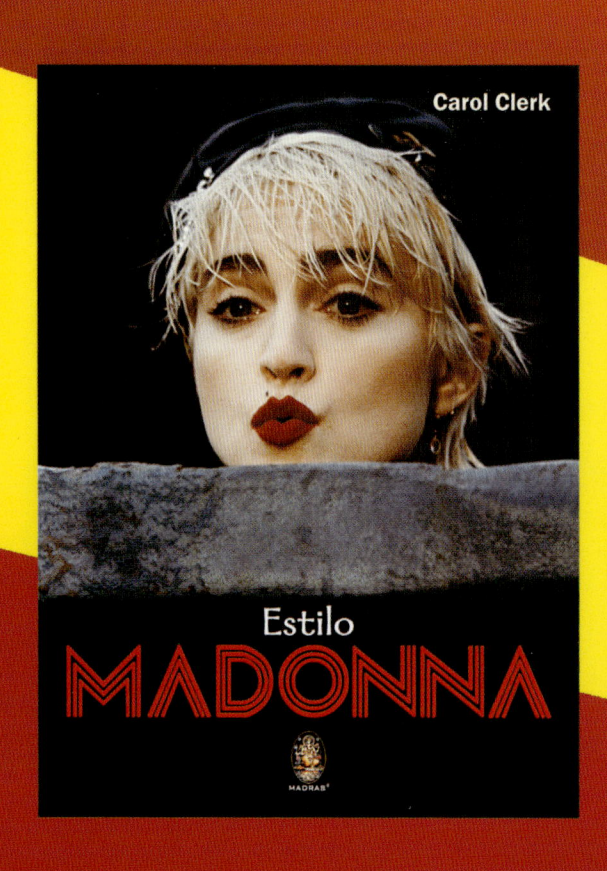

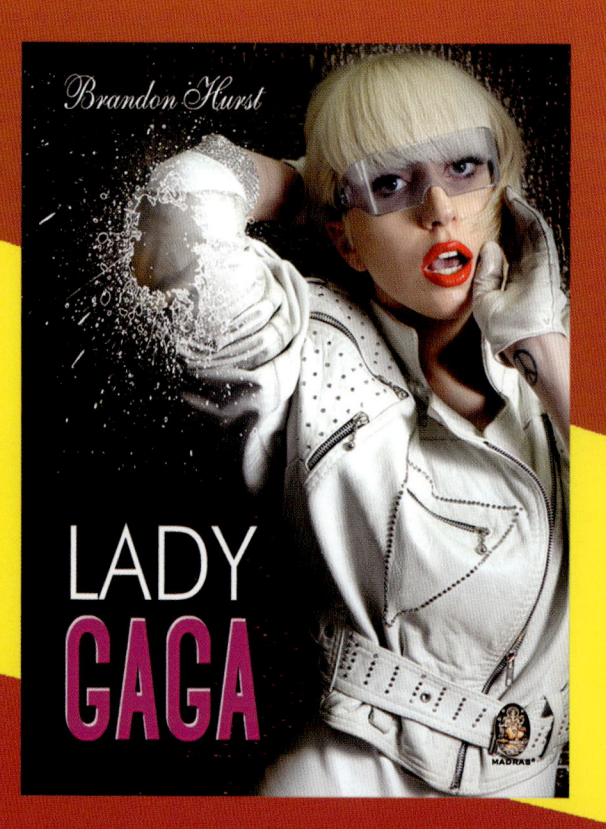

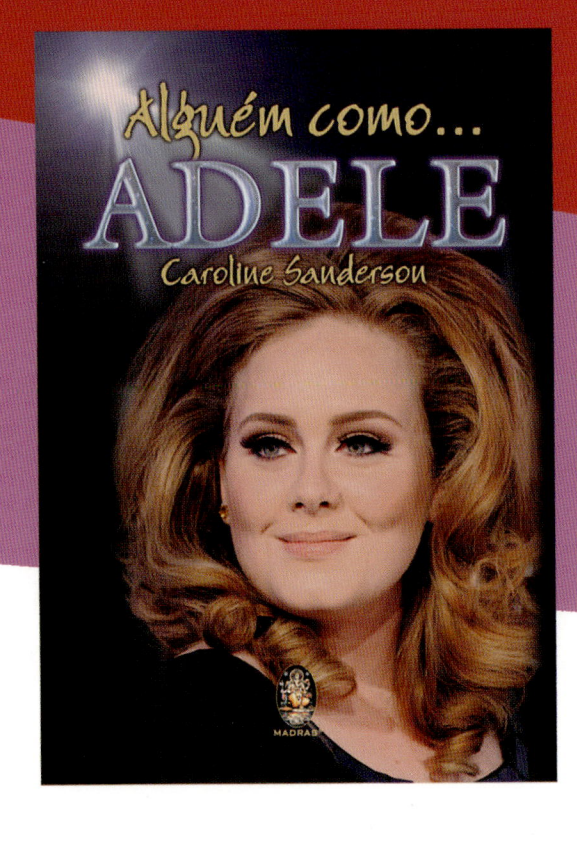

Carol Clerk
Estilo MADONNA

Brandon Hurst
LADY GAGA

Alguém como... ADELE
Caroline Sanderson

MADRAS EDITORA

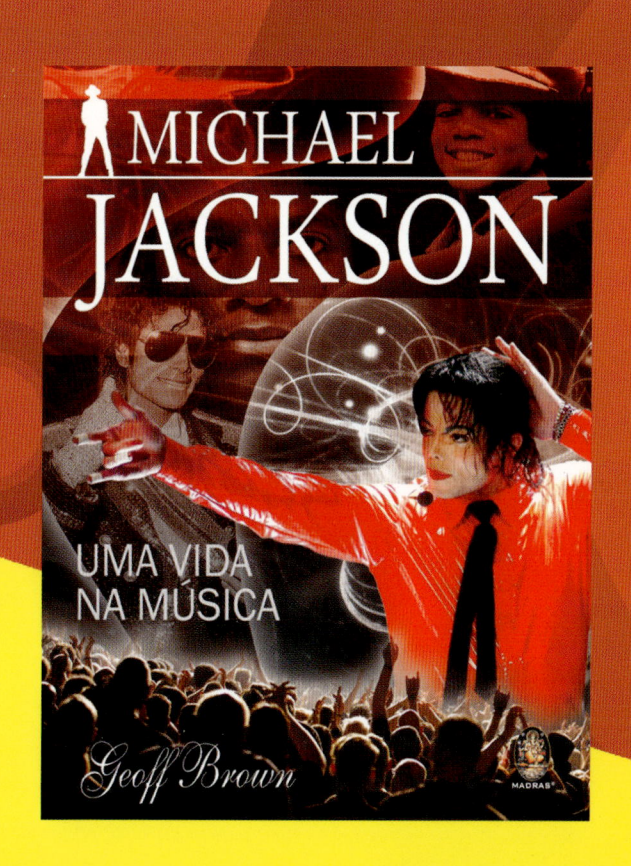

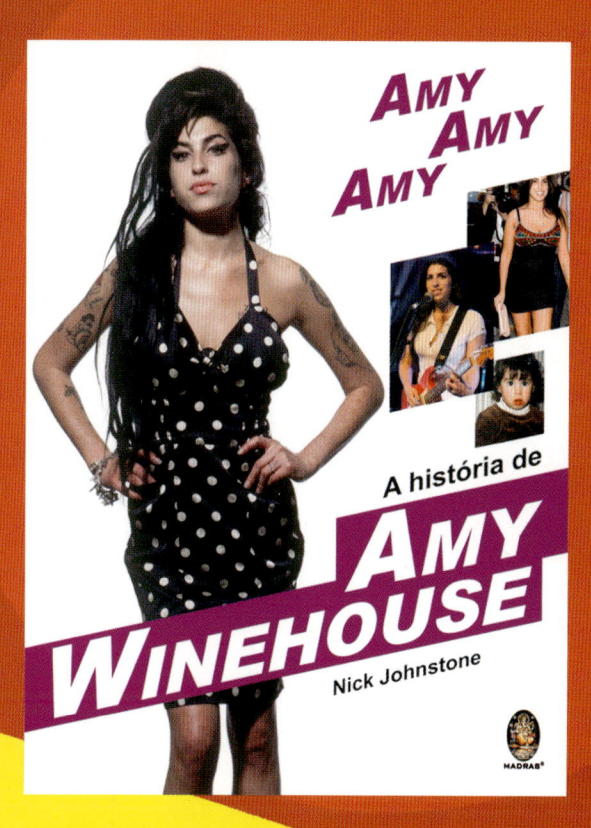

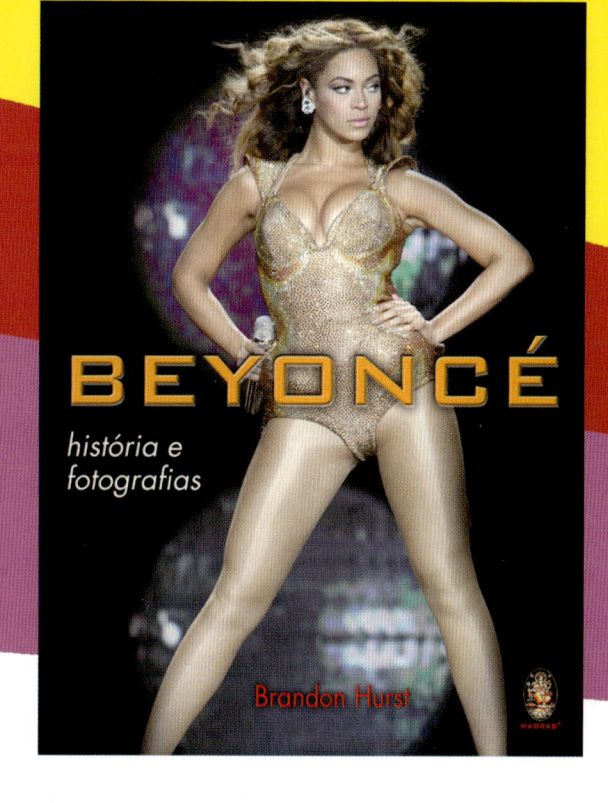

MICHAEL JACKSON: UMA VIDA NA MÚSICA
Geoff Brown

A história de AMY WINEHOUSE
Nick Johnstone

BEYONCÉ: história e fotografias
Brandon Hurst

Crédito das imagens: p. 8-9: L. Watcharapol/shuttershock.com; p. 12 em diante: (fotogramas) hellena13/shutterstock.com; p. 12: (amuleto de estrela) BW Flsom/shutterstock.com; p. 12-15: (estrelas) Smileus/shutterstock.com; p. 20: (caderno de anotações) MilousSK/shutterstock.com; p. 20, 22: (estrelas) Smileus/shutterstock.com; p. 40-43: (marca do beijo de batom) vlad_star/shutterstock.com; p. 46-47: (desenhos ao fundo) blue67design/shutterstock.com; p. 48-49: (lápis) Julia Ivantsova/shutterstock.com; p. 56-57: (caderno de anotações) tovovan/shuttcrstock.com; p. 58-63: (ilustrações nas fotografias) pixbox77/shutterstock.com; p. 78-79: (fundo verde) Picsfive/shutterstock.com; p. 80: (sombreiros) Basheera Designs/shutterstock.com; p. 80-87: (réguas) ruslanchik/shutterstock; p. 88: (saco de papel) Fotoline/shutterstock.com; p. 94: (bloco de notas)Mazzur/shutterstocj.com; p. 94, 95 e 98: (fita adesiva) Picsfive/shutterstock.com; p. 98-99: (papel) vovan/shutterstock.com; p. 100: (papel branco) helissente/shutterstock.com, (papéis rosas) George Pappas/shutterstock.com; p. 138: (molduras douradas) Margo Harrison/shutterstock.com; p. 141: (ilustração do piano) Brailescu Cristian/shutterstock.com.

MADRAS® Editora

CADASTRO/MALA DIRETA

Envie este cadastro preenchido e passará a receber informações dos nossos lançamentos, nas áreas que determinar.

Nome _____

RG _____ CPF _____

Endereço Residencial _____

Bairro _____ Cidade _____ Estado ____

CEP _____ Fone _____

E-mail _____

Sexo ❏ Fem. ❏ Masc.   Nascimento _____

Profissão _____ Escolaridade (Nível/Curso) _____

Você compra livros:

❏ livrarias   ❏ feiras   ❏ telefone   ❏ Sedex livro (reembolso postal mais rápido)

❏ outros: _____

Quais os tipos de literatura que você lê:

❏ Jurídicos   ❏ Pedagogia   ❏ Business   ❏ Romances/espíritas
❏ Esoterismo ❏ Psicologia ❏ Saúde   ❏ Espíritas/doutrinas
❏ Bruxaria   ❏ Autoajuda   ❏ Maçonaria ❏ Outros:

Qual a sua opinião a respeito desta obra? _____
_____

Indique amigos que gostariam de receber MALA DIRETA:

Nome _____

Endereço Residencial _____

Bairro _____ Cidade _____ CEP _____

Nome do livro adquirido: <u>Glee</u>

Para receber catálogos, lista de preços e outras informações, escreva para:

MADRAS EDITORA LTDA.
Rua Paulo Gonçalves, 88 – Santana – 02403-020 – São Paulo/SP
Caixa Postal 12183 – CEP 02013-970 – SP
Tel.: (11) 2281-5555 – Fax.:(11) 2959-3090
www.madras.com.br

Outras OBRAS da MADRAS EDITORA

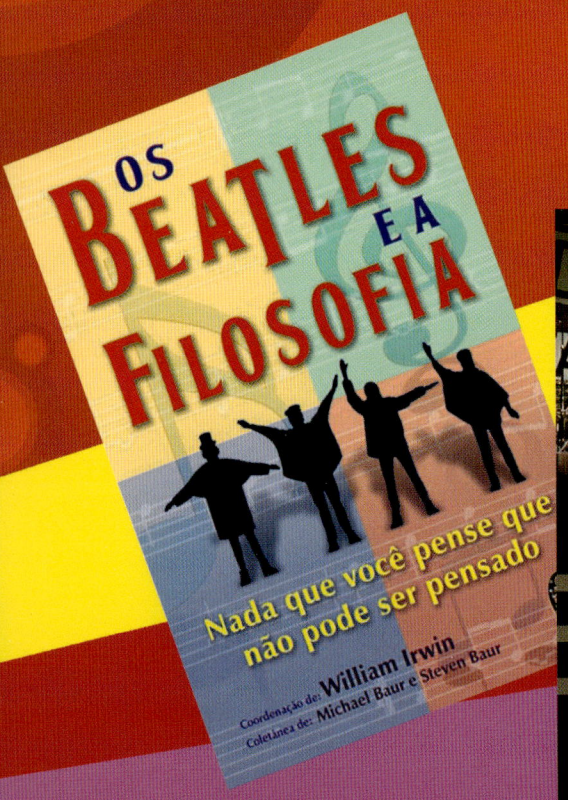

Este livro foi composto em Avant Gard, corpo 17/20.
Papel Couche 150g
Impressão e Acabamento
RR Donnelley
Avenida Tucunaré, 299 – São Paulo/SP
CEP 06460-020 – Tel/Fax: (11) 2148-3500